Stundenblätter
Die Botschaft der Engel

Uwe Wolff

Stundenblätter
Die Botschaft der Engel

Ein erfahrungsbezogener Zugang zur Gottesfrage

Sekundarstufe II

Beilagen:
38 Seiten Stundenblätter
+ 3 Arbeitsblätter zum Kopieren

Ernst Klett Verlag für Wissen und Bildung
Stuttgart · Dresden

Stundenblätter Religion werden herausgegeben von Dr. Uwe Stamer

Als Ergänzung zu den vorliegenden Stundenblättern
sind erschienen:
Materialien Die Botschaft der Engel – Ein erfahrungsbezogener Zugang zur Gottesfrage
(Hrsg. Uwe Wolff)
Klettbuch 26876

Die Deutsche Bibliothek – CIP-Einheitsaufnahme

Wolff, Uwe:
Stundenblätter Die Botschaft der Engel:
ein erfahrungsbezogener Zugang zur Gottesfrage;
Sekundarstufe II / Uwe Wolff. – 1. Aufl. –
Stuttgart; Dresden: Klett-Verl. für Wissen und Bildung, 1992
  (Stundenblätter Religion)
  ISBN 3-12-926709-3

1. Auflage 1992

Gedruckt auf umweltfreundlichem Recyclingpapier, gefertigt aus 100% Altpapier.

Alle Rechte vorbehalten
Der Verlag genehmigt die Vervielfältigung der entsprechend
gekennzeichneten Seiten in der Beilage. Im Kaufpreis ist die
Gebühr für Kopien dieser Seiten zur Ausgabe an Schüler enthalten.
© Ernst Klett Verlag für Wissen und Bildung GmbH, Stuttgart 1992
Satz: G. Müller, Heilbronn; Wilhelm Röck, Weinsberg
Druck: Wilhelm Röck, Weinsberg
Einbandgestaltung: Zembsch' Werkstatt, München
ISBN 3-12-926709-3

Inhalt

Einleitung 7

Übersicht über das Kursthema 14

Stundenbeschreibungen 19

1./2. Stunde:	Engel – Gibt's die?	19
3. Stunde:	Engel der Kindheit	23
4./5. Stunde:	Engel und modernes Weltbild	25
6. Stunde:	Gotteserfahrungen (I) – Die Verkündigung der Geburt Jesu	28
7./8. Stunde:	Gotteserfahrungen (II) – Engel im Leben Jesu	31
9. Stunde:	Gotteserfahrungen (III) – Die Befreiung des Petrus	34
10./11. Stunde:	Gotteserfahrungen (IV) – Himmelsleiter und Engelkampf	36
12. Stunde:	Warten auf den Engel – Franz Kafka und der Traditionsabbruch	37
13./14. Stunde:	Wohin sind die Tage Tobiae? – Der Engel bei Rainer Maria Rilke und Walter Benjamin	39
15./16. Stunde:	Der Himmel über Berlin – Wissen, was kein Engel weiß	41
17./18. Stunde:	Der Engel Michael aus evangelischer und katholischer Sicht	45
19. Stunde:	Die himmlischen Hierarchien des Dionysius von Areopagita	51
20./21. Stunde:	Der Engel des Menschen bei Romano Guardini ...	54
22. Stunde:	Engel als Seelenführer und Seelenwäger (Eschatologie)	55
23./24. Stunde:	Gott loben – wie die Engel	57

Vorschläge für Klausuren 61
Literaturverzeichnis 65
Inhalt des Materialienheftes 69

Einleitung

> „Jeder Schulmeister ist
> ein Engel Gottes"
> Martin Luther

Im Zentrum des Religionsunterrichtes steht die Gottesfrage. Doch wie tritt Gott ins Leben unserer Schüler und wird in ihrer Mitte gegenwärtig?
Die Bibel kennt viele Wege, auf denen Gott zum Menschen kommt. Das Wort Christi an erster Stelle, aber auch die Worte der Propheten, Apostel und Engel. Ihre Sprach- und Erfahrungsvielfalt wollen wir in einem neuen erfahrungsbezogenen Zugang zur Gottesfrage aufgreifen.
Mit der Gestalt des Engels gibt die Bibel allen um Vermittlung bemühten Religionslehrern ein großartiges Vorbild. Denn der Engel der Bibel enthält ein *didaktisches Prinzip*. Überall, wo er erscheint, liegt eine elementare anthropologische Situation vor, in die hinein er Gottes Wesen und Willen zur Sprache bringt. Im Kontext konkret erfahrener menschlicher Wirklichkeit zeigt er die Spuren Gottes. Weil Gottes Wesen in Erfahrungssituationen zur Sprache gebracht wird, vollzieht sich mit dem Erscheinen des Engels zugleich die Korrelation von biblischer und heutiger Wirklichkeit.
Jakobs Traum von der Himmelsleiter (Gen 28.10–24), auf der die Engel auf- und niedersteigen, illustriert vier didaktische Grundsätze der biblischen Rede von Gottes Engeln als Boten:
1. Der Engel ist Grenzgänger zwischen Gott und Mensch. Er stellt den Dialog her, und er kommt von außen. Damit grenzt er biblische Gottesrede von jeder natürlichen Theologie ab.
2. Der Engel tritt in Grenzsituationen auf, denn vor den Morddrohungen seines Bruders Esau ist Jakob auf der Flucht in eine ungewisse Zukunft. In diesem Moment der Bedrohung erfährt Jakob eine Aufrichtung durch Gottes Segenswort (Gen 28.15).
3. Der Engel begegnet dem einzelnen Menschen. Ohne kultische oder rituelle Vermittlungsinstanzen stellt.er Jakob vor Gott.
4. Jakobs Gotteserfahrung hat als erzählte Geschichte zu allen Zeiten Menschen geholfen, eigene Begegnungen mit Gott zu versprachlichen.

Weil also Gottes Wesen durch den Engel dialogisch, erfahrungsgebunden, in unmittelbarer personaler Zuwendung und in narrativer Struktur zur Sprache kommt, sind biblische Texte von Engeln – wie Gen 28.10–24; Gen 32.23–33; Jes 6.1–13; Hes 1.1–28; PS 103 – schon immer substantieller Bestandteil des Kursthemas „Gottesfrage" gewesen.
Auf das Botentum der biblischen Engel verweisen bereits ihre sprechenden Namen. Die Endsilbe „el" enthält einen Hinweis auf Gott. Michael („Wer ist wie Gott?"), Gabriel („Kraft Gottes") und Raphael („Gott heilt") konkretisieren Gottes vielfältige Zuwendung zum Menschen. Engel gehören in den Kontext der Frage nach dem Wirken Gottes.
Von der Genesis bis zur Offenbarung des Johannes zieht sich die Spur des Engels. Selbst das Leben Jesu wird von Engeln umrahmt und durchdrungen. So begleiten sie die Geschichte Jesu von der Ankündigung der Empfängnis, der Geburt, der Flucht nach Ägypten, der Versuchung in

der Wüste und im Garten Gethsemane über Auferstehung, Himmelfahrt bis zur Parusie. Engel bewachen den Ausgang des Paradieses, erscheinen den Patriarchen Abraham und Jakob, stehen um den Thron Gottes in den Visionen Jesajas und Hesekiels. Sie retten und heilen im Buche Tobit und Daniel, befreien Petrus aus dem Kerker und sind in den Psalmen Vorbild im Lobpreis Gottes. Der biblische Befund ist eindeutig: Überall wo Engel erscheinen, wird Gottes rettende und richtende Macht erzählbar. Deshalb schenken sie affektive und cognitive Erfahrung Gottes, wie die Weihnachtsgeschichte exemplarisch veranschaulicht: Gott wird Mensch im Stall zu Bethlehem und zugleich kommen sein Engel Gabriel und die Menge der himmlischen Heerscharen auf die Felder zu den Hirten, um sie auf das hinzuweisen, was sie von sich aus nicht wissen können: Daß gar nicht fern von ihnen Gott geboren wurde. Mit dem Engel wird Gott sein eigener Hermeneut. Denn der Engel schenkt Verständnis der Wege und des Wirkens Gottes.

Die Rede von Gottes Engel tritt also nicht in Konkurrenz zum Primat der Christologie, wie der reformierte Theologe Michael Welker betont: „Tatsächlich aber bringen die angelologischen Perspektiven neue Gesichtspunkte, neue Problemstellungen, aber auch neue Konturen vor allem in das Verhältnis von erstem und zweitem Artikel hinein. Es handelt sich dabei um Probleme und Konturen, die zu deutlicherer Erkenntnis und klarerer Erfahrung der erschienenen und der kommenden Herrlichkeit Gottes nicht nur herausfordern, sondern auch anleiten." (Michael Welker, Über Gottes Engel, S. 209)

Hans Urs von Balthasar hebt den zu Christus hinführenden Dienst der Engel hervor. (Hans Urs von Balthasar, Theodramatik) Auch Karl Barth versteht die Angelologie als „Annex zur Christologie". In seiner Kirchlichen Dogmatik gibt er den Engeln breiten Raum. (Vgl. Band III., S. 426–623)

In diesem Zusammenhang fällt auch ein Licht auf die großen Engelvisionen der Heiligen. Auf dem Berge La Vernia erhält Franz von Assisi die Wundmale Christi durch einen Seraphim. Dieser Engel trägt „das Bild des Gekreuzigten in sich". Hildegard von Bingen schaut in einer Vision die neun himmlischen Chöre der Engel. In dem zweiten Chor befinden sich nach klassischer Lehre der Kirchenväter die Erzengel. „In ihnen leuchtet wie in einem Spiegel das Bild des Menschensohnes auf." (H. v. Bingen, S. 142)

Bei jeder Engelrede besteht ein Zusammenhang zwischen Inhalt und Form. Nicht zufällig kommt das Wirken der Engel als Grenzgänger zwischen Himmel und Erde in Mythos, Sage, Legende, Vision und Lied zur Sprache, also durch Gattungen, die etwas ins sprachliche Bild bannen, was sich der exakten Beschreibung und dem terminologischen Zugriff entzieht. Denn die Engel enthüllen nicht nur Wesen und Wirken Gottes, sondern sie umkreisen zugleich ein rational nicht enthüllbares Geheimnis. Dies wird in Hildegards visionärer Schau der Engelchöre angedeutet (vgl. Mat. 44), wenn die Engelchöre in unmittelbarer Nähe zur göttlichen Mitte eine anthropomorphe Gestalt zunehmend verlieren. Es bedeutet, „daß in den seligen Geistern viele Geheimnisse sind, die der Mensch nicht wissen soll. Denn solange er sterblich ist, kann er das Ewige nicht vollkommen erkennen." (H. v. Bingen, S. 145)

Während Teufel und Dämonen unser Denken in ein abgründiges Geheimnis stürzen, erheben uns die Engel zum Lobpreis der Herrlichkeit Gottes. In Psalmen, Kirchenliedern und in der Liturgie wird auf diese hymnologische Gemeinschaft von Engel und Mensch verwiesen. Dieser

Tradition entnehmen wir den fünften didaktischen Grundsatz biblisch-christlicher Rede von Gottes Engeln: Der Gott preisende Engel zeigt, daß Gottes Geheimnis nicht in rationalem Diskurs und philosophischer Erörterung, sondern allein in personaler Zuwendung und Schöpferlob sagbar wird. (vgl. 23./24. Stunde)

Die Eröffnung unseres angelologischen Zuganges zur Gottesfrage wird aber nicht nur durch die Bibel, sondern auch durch gegenwärtige religiöse Erfahrungen legitimiert. In Literatur, Kunst, Film und in Sterbeforschung, Psychotherapie, Esoterik, New Age und Anthroposophie findet eine ständig zunehmende Wiederkehr der Gestalt des Engels statt. Zu den Merkwürdigkeiten des religiösen Lebens der Gegenwart gehört auf kirchlicher Seite ein erschreckender Traditionsverlust, während eine außerkirchliche religiöse Suchbewegung zu einer breiten Wiederentdeckung des spirituellen Erbes der christlich-abendländischen Tradition ansetzt. Ihr kommt die Erfahrungsnähe und außerinstitutionelle Zuwendung des Engels entgegen. Die gegenwärtige Krise der kirchlichen und christologischen Glaubensvermittlung darf nicht den Blick verstellen auf die intensive Zuwendung zu biblischen Erzählungen durch Künstler, Dichter und neue religiöse Bewegungen. Hier beginnt der Text neu zu sprechen und neue Erfahrungen jenseits kirchlich-dogmatischer Lesarten freizusetzen. Wenn dabei die Gestalt des Engels in den Vordergrund tritt, so hängt dies damit zusammen, daß sie scheinbar einen antikirchlichen und antichristologischen Zugang zu Gott unterstützt. Das Kursmodell wird dieses Mißverständnis klären helfen. Andererseits verweist die Wiederkehr des Engels auf das Erfahrungspotential, das die biblischen Texte enthalten und das in Theologie und Religionspädagogik der letzten beiden Jahrzehnte weitgehend ausgeblendet wurde. In Engelgeschichten ist die Rede von elementaren Erfahrungen der Bedrohung und Rettung, der Grenzüberschreitung und Gefangenschaft, der Erkenntnis und Unwissenheit, des Heils und des Gerichtes, der Angst und der Freude. Mit ihrer Wiederentdeckung werden lange vergessene, vernachlässigte oder gar verdrängte literarische Gattungen der Bibel und der christlichen Tradition wieder neu lesbar gemacht. Mythos und Legende gehören dazu, ergänzt durch Lieder und die reiche Bilderwelt der durch die Bibel inspirierten Kunst.

Deshalb halte ich die These vom Traditionsabbruch und von einer „Jugend ohne Gott" für überholt, wenn nicht gar im Kern falsch. Unsere Schüler fragen nach Gott, und wer einen Blick auf die religiöse Buchproduktion der Verlage wirft, erkennt, welch ungestillte spirituelle Sehnsucht unter den Menschen lebt. Wenn sie Gott nicht primär in Christus oder durch kirchliche Vermittlung sucht, bedeutet dies noch lange keinen Traditionsabbruch.

Wir leben in einer Zeit des Traditionsumbruches. Die Bibel beginnt neu und manchen vielleicht unliebsam zu sprechen. Das ist wie in der Reformation eine große Chance für die kirchliche Verkündigung, denn wie die Jahwereligion in Zeiten der Krise und des Umbruches durch die Gestalt des Propheten Kritik und Erneuerung erfuhr, so auch die Kirche durch die Gestalt des Engels.

Diese Stundenblätter stehen im Kontext einer *Religionspädagogik der Heimholung* vergessener oder verdrängter Aspekte der christlichen Offenbarung, und sie versuchen in der Gesamtkonzeption und in der methodisch-didaktischen Planung der Einzelstunden die sich gegenwärtig vollziehende Traditionserneuerung umzusetzen, so daß ausgehend von heutigem Wirklichkeitsverständnis das biblische und kirchliche Erbe so zur Sprache gebracht wird, daß sich beides aneinander reibt, durchdringt oder voneinander abgrenzt. Nur wenn biblische und gegenwärtige Erfahrungen ernst genommen werden, entsteht ein lebendiges Gespräch mit der Tradition, aus dem Gott neu zur Sprache kommt und in dem biblische Erzählungen bei unseren Schülern neue Erfahrungen freisetzen.

Neben der Vermittlung von theologischem Wissen, das den Schülern hilft, religiöse Strömungen der Gegenwart zu erfassen und religionsgeschichtlich einzuordnen, steht im Mittelpunkt dieser Stundenblätter ebenso die Schulung des „Glaubensauges" (EKG 95,1) durch Meditation, Andacht, Lied, Musik und Bilder.

Der Aufbau des Kursthemas aus fünf thematischen Blöcken führt unsere Schüler ausgehend von gegenwärtiger Engelrede zum Lobpreis Gottes, wie er als eschatologisches Vorbild des Menschen vom Engel erhoben wird.

Aufbau:

Problemaufriß	1.–5. Stunde
Biblische Grundlegung	6.–11. Stunde
Traditionsumbruch und -wandel	12.–16. Stunde
Kirchliche Lehre	17.–19. Stunde
Traditionserneuerung: Annäherung an ein Geheimnis	20.–24. Stunde

Daß unser Kursthema ohne Berücksichtigung von Motiven aus der christlichen Ikonographie unvollständig entfaltet wäre, ist offensichtlich. Das Material ist un-

Mat. A

Wenn der Baal-schem etwas Schwieriges zu erledigen hatte, irgendein geheimes Werk zum Nutzen der Geschöpfe, so ging er an eine bestimmte Stelle im Walde, zündete ein Feuer an und sprach, in mystische Meditationen versunken, Gebete – und alles geschah, wie er es sich vorgenommen hatte. Wenn eine Generation später der Maggid von Meseritz dasselbe zu tun hatte, ging er an jene Stelle im Walde und sagte: „Das Feuer können wir nicht mehr machen, aber die Gebete können wir sprechen" – und alles ging nach seinem Willen. Wieder eine Generation später sollte Rabbi Mosche Leib aus Sassow jene Tat vollbringen. Auch er ging in den Wald und sagte: „Wir können kein Feuer mehr anzünden, und wir kennen auch die geheimen Meditationen nicht mehr, die das Gebet beleben; aber wir kennen den Ort im Walde, wo all das hingehört, und das muß genügen." – Und es genügte. Als aber wieder eine Generation später Rabbi Israel von Rischin jene Tat zu vollbringen hatte, da setzte er sich in seinem Schloß auf seinen goldenen Stuhl und sagte: „Wir können kein Feuer machen, wir können keine Gebete sprechen, wir kennen auch den Ort nicht mehr, aber wir können die Geschichte davon erzählen." Und – so fügt der Erzähler hinzu – seine Erzählung allein hatte dieselbe Wirkung wie die Taten der drei anderen.

Aus: Gershom Scholem. Die jüdische Mystik in ihren Hauptströmungen. Suhrkamp Verlag, Frankfurt 1967. S. 384

erschöpflich. Deshalb sollte der Lehrer weiteren Bildern, die seine Schüler in den Unterricht mitbringen werden, Raum geben. Eine hervorragende Ergänzung bietet der Bildband von Walter Nigg und Karl Gröning „Bleibt, ihr Engel, bleibt bei mir ...".

Gerade weil unser Thema für Schüler hochgradig motivierend ist, wird es zuweilen notwendig sein, einzelne Aspekte zu akzentuieren und zu vertiefen, andere dafür zu streichen oder nur zu streifen.

Ans Ende dieser Einleitung möchte ich eine Geschichte aus der chassidischen Tradition stellen, die Gershom Scholem (Mat. A) überliefert hat. Zu Beginn des Schuljahres überreiche ich jedem Schüler eine Kopie dieser Geschichte, damit er sie – wie ich – stets bei sich trägt. Die Geschichte wird vorgelesen, aber nicht kommentiert, denn sie enthält die Didaktik des Kurses in nuce und wird für sich sprechen, wenn die Tradition im Unterricht lebendig zur Sprache gekommen ist. Dann ist jeder Kommentar so überflüssig, wie in dem Falle, wo die Botschaft von Gottes Engel resonanzlos im Schulalltag verhallt.

Stundenübergreifende Lernziele:

1. Engel gehören zur Sprache der Offenbarung. Die ganze Bibel bezeugt im Alten und Neuen Testament Gottes Wirken durch die Engel. Damit bereichert sie die Rede von Gottes Eingriffsmöglichkeiten in die Geschichte durch Christus, den Heiligen Geist und die Propheten. Ein Verzicht auf die Rede von Engeln bedeutete eine Verarmung der Sprache der Offenbarung.

2. Engel gehören zur gemeinsamen Sprache von Altem und Neuem Testament. Während Christus erst im NT erscheint, die Propheten des ATs wiederum verschwinden, bleibt die Mittlerfigur von Gottes Geist, der Engel, von der Genesis bis zur Apokalypse ungebrochen gegenwärtig. Stärker als die neutestamentliche Typologie vernetzt die Gestalt des Engels AT und NT und kann somit eine unbelastete Grundlage für den jüdisch-christlichen Dialog bilden.

3. Engel bringen Gott ins Gespräch. Die Rede vom biblischen Zentralmedium Engel eröffnet einen neuen, interessanten und unverbrauchten Zugang zur Frage nach Gottes Geist und seinem Wirken. Stärker als die durch Vertrautheit und formelhaften Gebrauch unscharf gewordenen Sprachformen der Rede von Christus (Christologie) und seiner Heilsbedeutung für den Menschen (Soteriologie), provoziert die Rede von Gottes Engeln Neugierde und Nachdenklichkeit über das Wirken Gottes in der Welt (3. Artikel). Bereits die Namen der biblischen Engel deuten den Hinweischarakter ihres Erscheinens an. Als Mittlerfigur zwischen Gott und Mensch bringt der Engel beide ins Gespräch.

4. Engel bringen Christus ins Gespräch. Indem der Engel in der Welt das wahre Bild des Menschen erscheinen läßt und damit einen Kontrast zur gefallenen, sündigen Natur schafft, weist er auf die Notwendigkeit der Erlösung hin. Durch diese pädagogische Funktion ist der Engel ein „Zuchtmeister auf Christus". Die Rede von Gottes Engel steht ergänzend zur Christologie.

5. Engel richten den Blick auf Gottes Geist. Die Wiederkehr der Rede von Engeln in Dichtung, Neuer Religiosität und in der Kunst steht in Zusammenhang mit der Suche nach einer neuen Spiritualität. Christen können im Dialog mit diesem Zeitgeist ihr Erbe neu entdecken, den 3.

Artikel (Heiliger Geist) und seine Wirkungsgeschichte für unsere Epoche der Jahrtausendwende neu durchdenken.

6. Engel zeigen die wahre Gestalt des Menschen. Die Rede vom Schutz- oder Begleitengel eröffnet ein neues Nachdenken über das Wesen und die wahre Gestalt des Menschen vor Gott. Der Engel zeigt als ein Wesen der dienenden Hingabe an Gott das Bild der reinen Schöpfernatur (Gottes Ebenbild) und setzt so einen Kontrast zur gebrochenen Existenz des Menschen. Damit eröffnet er einen neuen Zugang zu dem heute schwer zu vermittelnden Sündenbegriff.

7. Engel befreien aus der Ichbezogenheit. Der Engel stellt den einzelnen Menschen in einen sozialen und religiösen Kontext und stiftet damit ein ganzheitliches Ich- und Welterleben. Er führt aus der Ichbezogenheit und Vereinzelung zum Dialog. Der Engel kommt von außen und ist damit die antipsychologische Figur schlechthin. Somit ist er ein kritischer Gesprächspartner der Sicht des Menschen in Psychologie, Psychoanalyse und Anthroposophie.

8. Der Engel begleitet den Menschen durch alle Lebensalter. Die Rede von den Engeln gehört in den Kontext elementarer Anfänge religiöser Erziehung (Gebet mit den Eltern, Kindergarten, Kindergottesdienst, Grundschule), wo grundlegende und bleibende religiöse Vorstellungen geprägt werden, und in den Kontext der Rede von den letzten Dingen (Sterben, Tod, Auferstehung). Er verbindet somit nicht nur biblische und außerbiblische Tradition, christliche und außerchristliche Glaubenswelten zu einem Dialog, sondern auch die Lebensalter der Menschen.

9. Engel stellen Umwelt her. Der Engel setzt den Menschen in ökologische Kontexte und lehrt die Welt als Einheit zu sehen. Er führt zu einer ganzheitlichen Sicht des Menschen und der Welt. Eine theologische Ethik, die ökologische Horizonte zu denken wagt, wird sich auf Gottes Engel besinnen dürfen.

10. Engel stellen die christliche Gemeinde in einen kosmischen Zusammenhang. Engel gehören zur genuinen Gestalt des Evangeliums und zur evangelischen Tradition von Luther, den Evangelischen Bekenntisschriften bis zum Evangelischen Kirchengesangbuch und zur Gottesdienstordnung (Gloria, Sanctus). Im Gesang und Gebet des Gottesdienstes ist die Gemeinde Teil der universalen Gemeinschaft des Gotteslobes.

11. Engel fördern den ökumenischen Dialog. Im Gegensatz zur katholischen Verehrung der Gottesmutter und der Heiligen ist der Engel eine von allen Konfessionen geteilte Mittlerfigur. Er ermöglicht besonders den Dialog mit der griechisch- und der russisch-orthodoxen Kirche.

12. Engel geben Einblick in die Entstehung der neutestamentlichen Gedankenwelt. Die neutestamentlichen Welt- und Gottesbilder sind unter Aufnahme, Abgrenzung und Umformung von Vorstellungen der religionsgeschichtlichen Umwelt Israels entstanden. Diese Genese kann am Beispiel der vorchristlichen und außerchristlichen Engelvorstellung – wie sie etwa in der jüdisch-apokryphen Tradition dokumentiert ist – exemplarisch erschlossen werden.

13. Engel bringen Bibel, Tradition und Gegenwart ins Gespräch. Der Engel ist nicht nur Medium der Vernetzung biblischer Offenbarungen Gottes in höchst unterschiedlichen Kontexten, sondern in seiner Gestalt befreit Gott auch in nachbiblischer Zeit den Menschen. Das gilt von den Kirchenvätern, den Heiligen, über das gesamte Mittelalter bis zur Gegenwart. Keine biblische Mittlerfigur kann so wie der Engel auf eine ungebrochene Präsenz verweisen. Diese zeitliche und räumliche Allgegenwart des Engels ermöglicht Anknüpfung und kritischen Vergleich gegenwärtiger Gotteserfahrung mit denen der Bibel.

14. Engel bringen Dichtung, Kunst und Theologie ins Gespräch. Dichtung und Kunst haben die religiöse Vorstellungswelt entscheidend beeinflußt. Die wechselseitige Beziehung von Dichtung, Kunst und Theologie kann am Beispiel der Engel exemplarisch verdeutlicht werden. Damit wird die Rolle der Tradition als einer neben der Bibel das christliche Bewußtsein prägenden Kraft sichtbar.

15. Engel eröffnen das Gespräch mit der Neuen Religiosität. Engel bieten einen neuen Zugang zur Gottesfrage, weil sie ein dynamisches und zugleich personal gedachtes Gottesbild veranschaulichen helfen, das sich als kritischer Gesprächspartner mit der Neuen Religiosität (New Age, Esoterik) eignet. Die Engelvorstellung macht ernst mit einer Theologie des Heiligen Geistes (Pneumatologie), mit einem Gott, dessen Sein im Werden ist, der Anfang und Ende, Schöpfer und Erlöser ist, der über Allem steht, vor aller Zeit war und doch jedem Menschen personal begegnet.

16. Engel gehören zur Sprache aller monotheistischen Religionen. Das Christentum teilt mit den großen monotheistischen Bruderreligionen Islam und Judentum die Mittlerfigur des Engels. Kein Monotheismus kann ohne sie gedacht werden. Der interreligiöse Dialog unter dem Aspekt der Engelvorstellung führt zur Erkenntnis gemeinsamer Sprach- und Offenbarungstraditionen und damit zur Toleranz.

Erklärung der Abkürzungen in den Beilagen:
UG = Unterrichtsgespräch
ST = Stillarbeit
TA = Tafelanschrieb
EA = Einzelarbeit
PA = Partnerarbeit
GA = Gruppenarbeit
LV = Lehrervortrag

Übersicht über das Kursthema*

*Anmerkung: Mat. 1, 2, ... im Materialienheft
Mat. A, B, ... hier bei den Stundenbeschreibungen

Stunde	Inhalt (Kurzfassung)	Biblische Aspekte	Begründung/Ziele	Hausaufgaben
Problemaufriß				
1./2. Stunde Engel – Gibt's die?	– Engel in der Werbung (Mat. 1) – Arbeit mit der Rosette „Engel" (Arbeitsblatt 1) – Engel im Medienalltag (Mat. 2) – Zwei Engelerfahrungen heute (Mat. 3/4) – Katholische Definition „Engel" – Bonhoeffer: Von guten Mächten (Mat. B)	Gen 6. 1–4 1. Kor 11.10 Hebr 13.2	**Hinführung und Motivation** – Klärung des Vorverständnisses – Überblick: Phänomenologie des Engels – Engel und Kontingenzerlebnis – katholische Position im Vergleich zu nichtreligiöser Engelrede	M. C. Escher (Mat. 5): Bildbetrachtung
3. Stunde Engel der Kindheit	– Engel in der Kindheit (Mat. 6) – Luthers Abend- und Morgensegen (Mat. C) – Religiöse Sozialisation heute – Krise des Kinderglaubens (Mat. 7/8)	Gen 28.10–22	**Weltbild des Kinderglaubens und seine Krise** – Sitz im Leben der Engelrede – Engel als Ausdruck von Gottes personaler Zuwendung	H. C. Moolenburgh (Mat. 9): Schreiben eines Leserbriefes
4./5. Stunde Engel und modernes Weltbild	– Engel und modernes Weltbild – Moolenburghs Berichte über Engelerscheinungen (Mat. 9) – Theologie nach der Aufklärung (Mat. 10 a–d) – Newman: Führ, liebes Licht (Mat. D)	PS 91	**Wirklichkeitsbegriff und Theologie** – Engel und Gottes Wirken in der Schöpfung – Ökologische Implikationen – Struktur moderner Engelberichte	Arbeit mit der Konkordanz (Mat. 11) zum Stichwort „Engel in der Bibel"

Biblische Grundlegung

6. Stunde Gotteserfahrungen (I) – Die Verkündigung der Geburt Jesu	– Arbeit mit der Konkordanz (Mat. 11) – Beziehungsstruktur: Gott/Jesus/Engel/Mensch – Engel der Kathedrale von Autun (Mat. 12) – Text von Walter Nigg (Mat. E) – Marc Chagall: Mein Leben (Mat. F)	Lk 2.1–20	**Strukturen biblischer Engelrede** – Hermeneutische Funktion des Engels – Engel als Wegweiser zu Christus – Traum als Offenbarungsebene – Das Gloria der Liturgie	Konkordanz: Engel im Leben Jesu
7./8. Stunde Gotteserfahrungen (II) – Engel im Leben Jesu	– Memling: Die Verkündigung (Mat. 13) – Die jungfräuliche Geburt (Maria-Gabriel) – Engel im Leben Jesu (Bibelarbeit) – Engelgruppen und ihre Funktion – Rosette: Engel im Leben Jesu (Arbeitsblatt 2)	Lk 1.26–38 Lk 2.7–20 Mth 2.13–15 Mth 4.1–11 Lk 22.39–46 Lk 24.1–11 Apg 1.4–14 Mth 25.31–46	**Engel als Sprachgestalt der Offenbarung in Christus** – Engel als Zeichen von Gottes Gegenwart im Leben und Sterben Jesu – Anthropologische Implikationen – Engel und Grenzerfahrungen	
9. Stunde Gotteserfahrungen (III) – Die Befreiung des Petrus	– Der Engel im Leben der jungen Kirche – Befreiung des Petrus – Angelologie und Ekklesiologie – Moderne Engelgeschichte (Mat. 14)	Apg 12.1–25 Daniel 3	**Gottes Wirken in der Kirchengeschichte** – theologische Tendenz der Apg – Engel als Ausdruck der Gottesunmittelbarkeit	Lektüre: Gen 28; Gen 32
10./11. Stunde Gotteserfahrungen (IV) – Himmelsleiter und Engelkampf	– Kreative Textarbeit: Illustration einer Kinderbibel / Ansprache an Konfirmanden (Firmlinge) – Jünger: Gottes Gegenbeweis (Mat. 15) – Bibelillustrationen von Rembrandt (Mat. 16) und Flämischer Psalter (Mat 17)	Gen 28.10–22 Gen 32.23–32	**Alttestamentliche Gotteserfahrungen** – Zwei Motive: Segensgeschenk und Segenskampf – Anthropologischer Gehalt – Rezeptionsgeschichte	Klausurübung (Mat. 18)

Stunde	Inhalt (Kurzfassung)	Biblische Aspekte	Begründung/Ziele	Hausaufgaben
Traditionsabbruch und -wandel				
12. Stunde Warten auf den Engel – Franz Kafka und der Traditionsabbruch	– Kafka: Eine kaiserliche Botschaft (Mat. 20) – Angelologischer Hintergrund (Mat. 19): Äthiopisches Henochbuch – Gottes Hofstaat – Traditionsabbruch bei Kafka – Der Mensch in der Erwartung (Messianismus)	Jes 6.1–13 Hesekiel 1.1–28 10.1–22	**Jüdische Lesart einer Kafkaparabel** – Traditionsabbruch und spirituelle Sehnsucht in der Moderne – Umkehr angelologischer Vorstellungen der jüdischen Tradition bei Kafka	Walter Nigg: Gotteserfahrungen und Erfahrungsdefizite in der Moderne (Mat. 21)
13./14. Stunde Wohin sind die Tage Tobiae? – Der Engel bei Rilke und Benjamin	– Paul Klee: Angelus Novus (Mat. 23) – Walter Benjamins desperates Geschichtsbild (Mat. 22) – Mensch und Engel bei Rilke – Die theologischen Implikationen der Duineser Elegien (Mat. 24) – Vergleich mit biblischer Tradition – Mensch und Engel als Rühmende – Rilke/Andreas-Salomé: Briefwechsel (Mat. 25)	Buch Tobit PS 103; 150 Jes 6.1–13 Lk 1.26–38 Lk 2.1–20	**Religiös-metaphysische Geschichtsdeutung** – Die neue Botenfunktion des Engels bei Rilke – Der Engel als Vorbild des Lobpreises – Ästhetische Religiosität	Wim Wenders: Die Entstehung des Filmes „Der Himmel über Berlin" (Mat. 26)
15./16. Stunde Der Himmel über Berlin – Wissen, was kein Engel weiß	– Betrachtung des Filmes von Wim Wenders (Mat. G) nach Beobachtungsaufträgen – Motivgeschichtliche Einordnung (Kafka, Rilke, Benjamin) – Vergleich mit Bibel – Arbeit am Textbuch (Mat. 27)	Mth 18.1–10 Buch Tobit Gen 6.1–4 Gen 18.1ff. Gen 32.23.–32	**Ästhetik und Theologie** – Erfassung des theologischen Gehaltes – Strukturen der immanenten Transzendenz – Motiv der Menschwerdung des Engels	George Steiner: Die religiöse Dimension der Kunst (Mat. 28)

Kirchliche Lehre

17./18. Stunde Der Engel Michael aus evangelischer und katholischer Sicht	– Katholische Engellehre – Engelbild der Legende – Biblischer und außerbiblischer (Mat. H) Hintergrund des Michaelbildes – Katholischer (Mat. 29; Mat. I) und evangelischer (Mat. 30) Akzent der Engellehre – Das Leben Adams und Evas (Mat. 31) – Verhältnis Gott–Engel–Mensch (Mat. 32/33)	Apk 12.7–12	**Konfessionelle Ausprägungen des Engelbildes** – Michael in biblischer und legendarischer Tradition – Sitz im Leben der Gemeinde – Katechetische und homiletische Sprachformen	Kindergottesdienst zum Thema: „Der Engel Michael" oder Anfertigung einer Patronatskarte
19. Stunde Die himmlischen Hierarchien des Dionysios von Areopagita	– Biblische Grundlegung der Engelhierarchien – Die neun Engelchöre des Dionysios' (Mat. 35; Mat. J) – Hieronymus' Jesajakommentar (Mat. 34) – Arbeit mit der Rosette (Arbeitsblatt 3)	Kol 1.16 Eph 1.21 Rm 8.38 Hesekiel 10.1–22 Jes 6.1–13	**Lehre der Kirchenväter** – Kirchen- und dogmengeschichtliche Aspekte der Engellehre – Entwicklung und Ausformung biblischer Engelnotizen – Struktur und Deutung einer Engelvision	Hugo Simberg: Der verwundete Engel (Mat. 36) – Erzählen einer Geschichte

Traditionserneuerung: Annäherung an ein Geheimnis

20./21. Stunde Der Engel des Menschen bei Romano Guardini	– Bildbetrachtung: Simberg (Mat. 36) – Guardinis Engelverständnis (Mat. 37) – Ethische Konsequenzen – Mensch und Engel als Partner – Eschatologie und Engel – Exkurs: Buch Tobit	PS 91 Mth 18.1–10 Gen 1.26 Buch Tobit	**Angelologie und Anthropologie** – Anthropologische, ethische und eschatologische Relevanz der Schutzengelpredigt – Der Engel als Hüter der Gottesebenbildlichkeit	

Stunde	Inhalt (Kurzfassung)	Biblische Aspekte	Begründung/Ziele	Hausaufgaben
22. Stunde Engel als Seelenführer und Seelenwäger (Eschatologie)	– Psaltermalerei (Mat. 38: Michael als Seelenführer) – Luthers Predigt über die Engel als Begleitschutz der Sterbenden – Vergleich Luther (Mat. 39) – Sterbeforschung – Der Engel bei Elisabeth Kübler-Ross (Mat. 40) – Michael als Seelenwäger: Jüngstes Gericht (Bild) von Hans Memling (Mat. 41)	Mth 25.31–46 Lk 16.19–31	**Eschatologische Funktion der Engel** – Erweiterung biblischer Motive durch die christliche Kunst – seelsorgerliche Funktion von Luthers Predigt – Kritik religiöser Motive bei Kübler-Ross	Anna: Der Engel als Vorbild (Mat. 42) – Formulierung eines Antwortschreibens
23./24. Stunde Gott loben – wie die Engel	– Anna: Was ich mal werden möcht (Mat. 42) – Das Engelleben als eschatologisches Ideal – Die Chöre der Engel bei Hildegard von Bingen und Dante (Mat. 43/44; Mat. K) – Arbeit mit der Rosette „Engel im Leben Jesu" (Arbeitsblatt 2) (vgl. 7./8. Stunde) – Psalmlektüre (PS 103) – EKG 128: Gott ist gegenwärtig (Gerhard Tersteegen Mat. 45)	Mth 22.30 Lk 15.1–32 PS 103 1. Kor. 15.28 „damit sei Gott alles in allem"	**Angelologie und Hymnologie** – Gottes Schöpfung: Engel, Natur, Mensch – Schöpfungsethik – Mensch und Engel als Lobesgemeinschaft – Sitz im Leben: Gottesdienst – Engel und Musik – Engel und Vision	

Stundenbeschreibungen

1./2. Stunde:
Engel – Gibt's die?

A Methodisch-didaktische Vorbemerkungen

Daß jedem Anfang ein Zauber innewohnt, gilt besonders für die Einstiegsstunde in unser Kursthema. Jeder Schüler weiß: Engel sind Boten Gottes (angelos = Bote). Zur Weihnachtszeit begegnet ihm das blondgelockte und weißgewandete Klischeebild des Engels in der Werbung, und auf Flohmärkten sieht er alte Bilder von Schutzengeln im kitschigen Plastikrahmen aus Silberimitat. Dann erlebt er zunehmend eine Rede von Engeln, die er ganz ernst nimmt. In ihr wird berichtet von Rettung in der Not, von Selbstüberwindung, von Gottes Hilfe.

Wenn diese Stunde dem Schüler helfen will, sein Vorverständnis zur Frage der Existenz und des Wirkens von Engeln zu klären, dann muß sie nichtdirektive Gesprächsmethoden wählen. Die offene Frage „Glauben Sie an Engel?" führt zu nichts. Das ausgewählte Material (1–4) entstammt dem Alltag der Medienwelt. Es zeigt Situationen, in denen heute ganz selbstverständlich von Engeln die Rede ist. Glaubwürdige Dokumente (Mat. 3/4) haben einen eindeutigen Bekenntnischarakter, denn in ihnen wird von Kontingenzerlebnissen berichtet, die nicht objektiv überprüfbar sind. Damit begegnet der Schüler schon hier der Erfahrungsebene, auf die christliche und nichtreligiöse Rede vom Wirken der Engel aufbaut. Die Rede von Gottes Wirken durch die Engel – etwa im Leben Jesu – ist untrennbar verknüpft mit der Durchbrechung und Störung des Alltags und des geplanten Lebensweges.

Zur Strukturierung und Systematisierung des Materials bietet sich die Gliederung unter den Aspekten
- *Engeltypos (Gestalt)*,
- *Ort der Erscheinung*,
- *Wirkung/Botschaft* an.

B Ziele der Stunde

Am Ende der Stunde soll der Schüler
- zu einer ersten Klärung seines Vorverständnisses über Existenz und Wesen der Engel gelangt sein,
- einen ersten Überblick über die Präsenz der Engel in den Medien gewonnen haben,
- die ernsthafte Rede von Engeln anhand ihrer Verknüpfung mit Kontingenzerlebnissen erkennen können,
- Beispiele nichtchristlicher Rede von Engel kennen und vom christlichen Verständnis des Botendienstes abgrenzen können.

C Stundenverlauf

Phase 1: Die stille Betrachtung von Werbung, wie sie tausendfach nicht nur zur Weihnachtszeit geschaltet wird, eröffnet die Stunde (Mat. 1). Flügel, weißes Kleid und Lockenpracht gehören zur populären Vorstellung von Engeln. Die beiden Anzeigen zeigen weibliche Engel in verführerischer Pose und illustrieren anschaulich die imaginativen Kontexte, in die Engel führen: Der Calypsoengel (Mat. 1a) löst den uralten Zwist himmlischer Mächte in eine heitere und sportive Dynamik auf. Wie hier der weibliche Engel den männlichen Teufel in Bann schlägt, so die Nymphe Calypso den listenreichen Odysseus auf der Insel Ogygia. Der Autoname „Fiesta Calypso" unterstreicht diese erotische Bedeutungsebene, Strand, Meer und Surfbretter signalisieren den Raum der Freiheit. Der kernige Lukullusengel (Mat. 1b) führt in den Kontext eines himmlischen Schlaraffenlandes, wie es bürgerliches Wohlbehagen zu allen Zeiten imaginiert hat. Das Lied „Wir genießen die himmlischen Freuden" aus der Sammlung „Des Knaben Wunderhorn", von Gustav Mahler in seiner 4. Symphonie kongenial vertont, wäre dafür ein weiterer Beleg.

Der Lehrer kann hier die Motivation seiner Schüler noch verstärken, indem er auf Gen 6.1–4 verweist, wo vom Sturz der männlich gedachten Engel die Rede ist, die mit eindeutiger Absicht „zu den Töchtern der Menschen eingingen" (6.4). Von der Gefährdung der Frau durch den Engel spricht auch Paulus in seiner Gottesdienstverordnung: „Darum soll die Frau einen Schleier auf dem Haupt haben um der Engel willen." (1. Kor 11.10) Der Text der Stern-Journalistin Uschi Neuhauser (vgl. Mat. 3) ist gleichfalls ein Nachhall dieser Tradition.

Phase 2: Assoziationen zum Thema „Engel" führen zur weiteren Klärung des Vorverständnisses. Das Material aus Werbung, Lied, Film, Sprichwort, Redewendung oder Dichtung sollte der gesamten Lerngruppe transparent gemacht werden. Drei Möglichkeiten bieten sich hier an:
– Der Lehrer schreibt das Stichwort „Engel" in die Mitte der Tafel. Jeder Schüler darf seine freien Assoziationen hier mit Kreide notieren.
– Der Lehrer teilt DIN-A3-Bögen mit dem Stichwort „Engel" in der Mitte aus. In einer nonverbalen Schreibmeditation notieren die Schüler in kleinen Gruppen ihre Einfälle. Zu den Assoziationen ihrer Mitschüler können sie durch Beziehungspfeile mit kommentierender Beschriftung Stellung nehmen.
– Der Lehrer teilt einen photokopierten Klassensatz der Rosette „Engel" aus (Arbeitsblatt 1). Die einzelnen Blattsegmente werden in einer Stillarbeitsphase beschriftet und anschließend vorgelesen.

Phase 3: Die FAZ-Notiz „Engel als Anhalter undenkbar" (Mat. 2) motiviert Schüler hochgradig zu einem ersten Nachdenken über den Wirklichkeitsgehalt der Rede von Engeln. Dabei wird die katholische Position („im Glauben bezeugte Existenz der Engel") deutlich vom apokalyptischen Geisterfahrer Gabriel in Jeans und mit Rucksack abgegrenzt. Der Sensationsmeldung, die keinen echten Glauben und keine Verhaltensänderung fordert, steht die Bezeugung der Erfahrung von Gottes Wirken durch seine Boten gegenüber. Mit dieser Unterscheidung von echter kontingenter Engelrede und modernem Märchen gewinnen die Schüler ein Kriterium zur Bewertung der folgenden Texte (Mat. 3/4), die in nichtchristlicher aber existentiell glaubwürdiger Weise von Engelbegegnungen reden.

Phase 4: Wenn die beiden Texte von Neuhauser „Männlich und ohne Flügel" (Mat. 3) und Nossack „Ich glaube an Engel" (Mat. 4) sich deutlich von den klassischen Engelattributen (vgl. Mat. 1) abgrenzen, so stehen sie durchaus in biblischer Tradition. Der Lehrer kann auf Hebr. 13.2 verweisen („Gastfrei zu sein, vergeßt nicht; denn dadurch haben einige ohne ihr Wissen Engel beherbergt."), wo auch die Rede von Engeln ist, die an ihrer äußeren Gestalt nicht identifizierbar sind. Beide Texte sprechen von existentiellen Erfahrungen. Der personalen Begegnung (Mat. 3) steht die Erfahrung der rettenden Selbstübersteigerung in lebensgefährlichen Augenblicken zur Seite (Mat. 4). Beide Erfahrungsberichte ermöglichen den Schülern in Ergänzung oder Abgrenzung von eigenen Kontingenzerfahrungen zu sprechen.

Phase 5: Das Gespräch über eigene Erfahrungen von Glück oder Rettung aus bedrohlicher Situation sollte zu einer Problematisierung unseres Wirklichkeitsbegriffes führen. Dabei kann deutlich werden, daß alle Menschen kontingente Erfahrungen machen, diese aber nicht unbedingt religiös deuten. Die Rede von den Engeln wird menschlichen Erfahrungen nicht zur Seite gestellt, sondern knüpft daran an. Vertiefend zeigt dies Bonhoeffers berühmtes Gedicht „Von guten Mächten" (Mat. B), das am Ende der Stunde gesungen oder auch nur vom Lehrer rezitiert werden kann (vgl. auch Mat. 30 und die 20./21. Stunde).

Die **Hausaufgabe,** Mat. 5 (M. C. Escher. Kreislimit IV) vertieft das Gespräch über Wahrnehmung und Wirklichkeit.

Mat. B

Dietrich Bonhoeffer, Von guten Mächten

Von guten Mächten treu und still umgeben, behütet und getröstet wunderbar, so will ich diese Tage mit euch leben und mit euch gehen in ein neues Jahr. Von guten Mächten wunderbar geborgen erwarten wir getrost, was kommen mag. Gott ist mit uns am Abend und am Morgen und ganz gewiß an jedem neuen Tag.

2. Noch will das Alte unsre Herzen quälen, noch drückt uns böser Tage schwere Last, ach, Herr, gib unsern aufgeschreckten Seelen das Heil, für das du uns geschaffen hast.
Von guten Mächten wunderbar geborgen . . .

Text: © Chr. Kaiser Verlag, München
Musik: © Abakus Schallplatten & Ulmtal Musikverlag, 6349 Greifenstein 2
(Melodie: Siegfried Fietz)

3. Stunde:
Engel der Kindheit

A Methodisch-didaktische Vorbemerkungen

In der frühreligiösen Erziehung durch Elternhaus (Abendgebet), Kindergarten, Kindergottesdienst und Grundschule ist die Rede von Engeln noch heute lebendig. Hier haben unsere Schüler erste Glaubenserfahrungen gemacht. In dieser Phase eines naiven anthropomorphen Gottesbildes half die Vorstellung von Gottes Wirken durch die Engel, sowohl Gottes Allmacht und Jenseitigkeit als auch seine ganz persönliche Zuwendung zu jedem betenden Kind zu denken.

Dies wird exemplarisch deutlich an der Kindheitserinnerung (Mat. 6) von Hermann Sudermann (1857–1928). In seiner Vision des geöffneten Himmels sind die Engel deutlicher Ausdruck von Gottes Zuwendung. Daß Gott für jeden Menschen einen „heiligen Engel" hat, setzt auch Luthers Morgen- und Abendsegen (Mat. C) voraus.

Die Schüler werden durch das Material angeregt, über eigene frühreligiöse Gotteserfahrungen nachzudenken. Das autobiographische Bekenntnis von Sudermann – ergänzt durch ein Gedicht von Rose Ausländer (1901–1988) und ein Wiegenlied – macht ihnen Mut dazu. Dennoch ist auch hier Behutsamkeit gefordert. Weder Glaubensbekenntnisse noch defizitäre Gotteserfahrungen sollen bekundet werden.

B Ziele der Stunde

In dieser Stunde sollen die Schüler
- am Beispiel exemplarischer Bekenntnisse von Dichtern die Verknüpfung der Vorstellung von Gottes Wirken mit der Gegenwart der Engel kennenlernen,
- Funktion und Wirkung der Rede von Engeln in der frühkindlichen Erziehung anhand der Bekenntnisse beschreiben können,
- durch das Wiegenlied zum Nachdenken über eigene religiöse Erfahrungen angeregt werden,
- das Weltbild des naiven Glaubens und die schmerzhafte Erfahrung seiner Krise bei Rose Ausländer beschreiben und erläutern können.

C Stundenverlauf

Phase 1: Die Besprechung der Hausaufgabe (Eschers Kreislimit IV) leitet über zur Engelvision des sechsjährigen Hermann Sudermann (Mat. 6). Hier sind besonders der Inhalt der Vision, seine Wirkung auf das Kind und der Zusammenhang von Gottesbild und Wirken der Engel zu klären. Das in den Text eingefügte Bild von Ludwig Richter (1803–1884) ist eine typische Zeichnung im biedermeierlichen Stil der Gartenlaube. Zur Erläuterung des biblischen Hintergrundes der Engelvision kann der Lehrer auf Jakobs Rampentraum zu Gigal (Gen 28.10–22) verweisen.

Phase 2: Luthers Abend- und Morgensegen (Mat. C; vgl. auch Mat. 30) sollte vom Lehrer vorgelesen werden, weil der mündliche Vortrag der Form des Gebetes und dessen Sitz im Leben entspricht. Wie bei Sudermann dient auch hier die Rede von Gottes Engeln dem beruhigenden Zuspruch der personalen Zuwendung und der gleichzeitigen Allgegenwart Gottes. Das Unterrichtsgespräch sollte von dieser funktionalen Bestimmung der Engelrede zu einem Gespräch über Inhalte und Erlebnisse der eigenen frühreligiösen Erfahrung überleiten.

Mat. C

Luthers Morgensegen

Das walte Gott, Vater, Sohn, Heiliger Geist. Amen.
Ich danke dir, mein himmlischer Vater, durch Jesus Christus, deinen lieben Sohn, daß du mich diese Nacht vor allem Schaden und Gefahr behütet hast, und bitte dich, du wollest mich diesen Tag auch behüten vor Sünden und allem Übel, daß dir all mein Tun und Leben gefalle; denn ich befehle mich, meinen Leib und Seele und alles in deine Hände. Dein heiliger Engel sei mit mir, daß der böse Feind keine Macht an mir finde. Amen.

Luthers Abendsegen

Das walte Gott, Vater, Sohn, Heiliger Geist. Amen.
Ich danke dir, mein himmlischer Vater, durch Jesus Christus, deinen lieben Sohn, daß du mich diesen Tag gnädig behütet hast, und bitte dich, du wollest mir vergeben alle meine Sünde, wo ich Unrecht getan habe, und mich diese Nacht gnädig behüten; denn ich befehle mich, meinen Leib und Seele und alles in deine Hände. Dein heiliger Engel sei mit mir, daß der böse Feind keine Macht an mir finde. Amen.

(aus: Evangelisches Kirchengesangbuch. Andachts- und Gebetsteil)

Phase 3: Schüler sprechen bereitwillig und mit Gewinn über ihre religiöse Biographie, wenn in dem Kurs eine Atmosphäre des Vertrauens herrscht. Grundsätzlich gilt für Glaubensgespräche: Alles *darf* gesagt werden, nichts *muß* gesagt werden. Der Lehrer enthält sich bewertender oder moralisierender Äußerungen. Einen Einstieg in das Gespräch ermöglicht das Gedicht von Rose Ausländer (Mat. 7), das mit einem Hauch von Wehmut auf das naive Gottesbild der Kindheit zurückblickt, der auch unseren Schülern nicht fremd ist. Das Wiegenlied „Guten Abend, gut' Nacht" (Mat. 8) soll an den Ort frühreligiöser Erfahrung zurückführen und die große Bedeutung des Gesanges für die Entwicklung der Spiritualität verdeutlichen. Die Dokumente sollen nicht textkritisch analysiert werden, sondern Gespräche freisetzen.

Die **Hausaufgabe** (Mat. 9) nimmt das Problem des Glaubens an Gottes Engel im Kontext des modernen Weltbildes auf. In dem Text stellt der niederländische Arzt Moolenburgh in teilweise humoristischer Form die Ergebnisse einer mehrjährigen Patientenbefragung vor, die ihn zu einer differenzierten Bejahung der Frage nach der Existenz von Engeln führt. Moolenburgh vergleicht Engel- und Kontingenzerlebnisse und problematisiert erneut unsere Wahrnehmung von Wirklichkeit. Beides knüpft an die ersten Stunden an und bedarf keines Kommentars durch den Lehrer.

4./5. Stunde:
Engel und modernes Weltbild

A Methodisch-didaktische Vorbemerkungen

Thematisierte die letzte Stunde Einbrüche in das naive religiöse Weltbild der Kindheit, so wird mit dieser Doppelstunde die Frage, wie in nachaufklärerischer Zeit glaubwürdig von Gottes Wirken gesprochen werden kann, verschärft gestellt. Für das Neue Testament und die Kirchenväter bestand kein Zweifel an der Existenz einer unserer direkten Wahrnehmung entzogenen höheren Wirklichkeit. Die Aufklärung hat die Existenz von Engeln, Teufeln und Dämonen in Frage gestellt, Theologen wie Rudolf Bultmann sind ihrem Wirklichkeitsverständnis gefolgt. Damit zog in die moderne Theologie ein Wirklichkeitsverlust ein, der letztlich nicht nur den Glauben an die Existenz von Engeln, sondern den Realismus der Offenbarung in Christus selbst bedrohte. Theologie drohte zu einem rein metaphorischen System zu werden, der Realismus der Inkarnation erhielt eine gnostizierende Auslegung, die Rede von Gottes Wirken eine psychologisierende Deutung. Der Kniefall vor dem modernen Menschen und seinem Wirklichkeitsverständnis geschah vorschnell, denn schon längst zeigt uns die Naturwissenschaft, daß ihr Weltbild durchaus Raum hat für die Rede vom Geheimnis Gottes und seiner Offenbarung. Die Texte zu dieser Stunde wollen die Schüler mit der Möglichkeit dieser nachaufklärerischen Rede von Gottes Wirken vertraut machen. Dabei soll deutlich werden: Die Existenz von Engeln kann so wenig bewiesen werden, wie die Existenz Gottes. Andererseits steht die Bezeugung der Erfahrung von Gottes Boten nicht im Widerspruch zum naturwissenschaftlichen Blick auf die Wirklichkeit. Dies zeigt die Theologie der Natur (nicht: natürliche Theologie) von Kardinal Newman (Mat. 10a). Dem gläubigen Blick ist die Natur durchsichtig auf Gott.

Die ethische Relevanz der Frage nach dem Weltbild erschließt sich den Schülern unmittelbar, wenn sie in den Kontext der Umweltkatastrophen gestellt wird. Die Entspiritualisierung des Kosmos' führte zu einem mechanistischen Weltbild, das nicht mehr erlaubte, die Natur als einen lebendigen Organismus wahrzunehmen. Newmans Gedanken zur Angelologie weisen hier den Weg zu einer Theologie mit ökologischem Horizont.

Literaturhinweis:
Die Ausbildung eines zweifachen Blickes auf die Schöpfung („Unterrichten mit spirituellem Spürsinn") gehört in einem Zeitalter der ökologischen Globalbedrohung zur besonderen Aufgabe christlicher Schulen. Dies betonen die von Hans-Christoph Berg edierten Aufsätze: Unterrichtserneuerung mit Wagenschein und Comenius. Versuche Evangelischer Schule 1985–1989. Comenius Institut. Münster 1990. Vgl. Ernst Jüngers Entwurf einer stereoskopischen Optik in seiner 1930 erschienenen Schrift „Sizilischer Brief an den Mann im Mond" (Sämtl. Werke. Band 9, S. 11–22. Klett-Cotta Verlag 1979), aber auch Leonardo Boffs „Kleine Sakramentenlehre" (Patmos Verlag 1991[11]).

B Ziele der Stunde

Am Ende der Doppelstunde sollen die Schüler
– die Struktur moderner Engelberichte kennen,
– Moolenburghs Kriterien der Echtheit bedenken,

- erkannt haben, daß die Frage nach der Wirklichkeit der Engel eng verknüpft ist mit der Frage nach dem Realismus der Menschwerdung Gottes und seines Wirkens in der Schöpfung,
- unterschiedliche theologische Stellungnahmen zum Wirklichkeitsgehalt der Rede von Gottes Wirken durch die Engel kennen und hinsichtlich ihrer ökologischen Konsequenzen bedenken können.

C Stundenverlauf

Phase 1: Der Brief an Moolenburgh gibt der Lerngruppe Aufschluß über die subjektive Wirkung der modernen Engelberichte auf unsere Schüler. Das Gespräch wird aber nicht nur den eigenen Wirklichkeitsbegriff thematisieren, sondern zu einem zweiten Blick auf den Text (Mat. 9) der Hausaufgabe zurückführen.

Phase 2: Die erneute Textanalyse kann fünf Schwerpunkte setzen:
- Moolenburghs *theologische Begründung* der Rede von Engeln,
- die *Struktur* der Engelberichte,
- *Kriterien für Echtheit* des Erlebnisses,
- *Definition* „Schutzengel",
- Versuch einer *Deutung/Erklärung* der Erlebnisse.

Literaturhinweis:
Das Motiv von den zwei Schutzengeln als Begleiter des Menschen läßt sich von der alten jüdischen Literatur über Luther (Mat. 39) bis in den Roman der Gegenwart verfolgen. Biblische Grundlage bildet der Psalm 91. Daß Engel unerkannt in Menschengestalt auf Erden leben, weiß schon der Hebräerbrief („Gastfrei zu sein, vergeßt nicht; denn dadurch haben einige ohne ihr Wissen Engel beherbergt." Hebr 13.2). Dieses Motiv wirkt weiter in der jüdischen Sage (Die Langmut Chaninas. In: Born Judas. Insel TB 529, S. 44f.), bei Tolstoj (Wovon die Menschen leben. In: Gesammelte Erzählungen. Band V. Insel Verlag. 1980, S. 5–31) und in der phantastischen Literatur (Die Kommsat-Engel. In: J. G. Ballard. Der Garten der Zeit. st 1752, S. 91–106). Der Lehrer hat hier die Möglichkeit, das Thema der Stunde zu vertiefen. Eine Verknüpfung von jüdisch angelologischer Vorstellung und Weltbild der Atomphysik seiner Zeit versucht Franz Werfel in seinem im Jahre 1949 erschienenen Roman „Stern der Ungeborenen".

Phase 3: Vier Texte sollen den Schülern einen Eindruck davon vermitteln, wie moderne Theologen mit dem biblischen Erbe der Engelrede umgehen.
John Henry Newman (1801–1890) war anglikanischer Theologe. 1845 konvertierte er zum Katholizismus. 1879 verlieh ihm Leo XIII. die Kardinalswürde, Johannes Paul II. hat ihn mit der Verleihung des Ehrentitels „venerabilis" (verehrungswürdig) in den Prozeß der Heiligsprechung aufgenommen. Als Grabinschrift hatte sich Newman gewählt: „Ex umbris et imaginibus ad veritatem." (Aus Schatten und Bildern zur Wahrheit) Der platonischer Tradition verpflichtete Spruch kann vom Lehrer ergänzend eingebracht werden, gleichfalls das im Jahre 1833 auf der Überfahrt von Palermo nach Marseille geschriebene Gedicht „Lead, kindly light" (Mat. D); das zum populärsten anglikanischen Kirchenlied geworden ist.
Der Text von Rudolf Bultmann (Mat. 10 b) grenzt sich von Newmans metaphysisch-religiöser Deutung der Wirklichkeit scharf ab. Walter Nigg (Mat. 10 c) kritisiert die einseitige Ausrichtung moderner Theologie am neuzeitlichen Rationalismus und den damit einhergehenden Substanzverlust der eigenen Tradition. Der Alttesta-

mentler Claus Westermann (*1909) hebt den Wirklichkeitsgehalt der biblischen Tradition hervor. Mit seinem Text (Mat. 10 d) wird auch die Verzahnung zur nächsten Stunde („Die Verkündigung der Geburt Jesu") geleistet.

In der **Hausaufgabe** erhalten die Schüler einen Auszug aus der Konkordanz mit dem Stichwort „Engel" (Mat. 11). Er soll ihnen einen Überblick über die Omnipräsenz der Engel im AT wie im NT geben.

Literaturhinweis:
Das umfangreiche Lebenswerk von Walter Nigg (1903–1988) bietet eine Fülle von Anregungen für den Religionsunterricht. Als Ganzschrift geeignet sind besonders seine Kurzbiographien, in denen Glaube in konkreten Lebenskontexten anschaulich entfaltet wird: Walter Nigg. Große Heilige. detebe 21459. Das Buch der Ketzer. detebe 21460. Vom Geheimnis der Mönche. detebe 21844.

Mat. D

John Henry Newman, Führ, liebes Licht

Führ, liebes Licht, im Ring der Dunkelheit,
Führ du mich an:
Die Nacht ist tief, noch ist die Heimat weit,
Führ du mich an!
Behüte du den Fuss: Der fernen Bilder Zug
Begehr ich nicht zu sehn – ein Schritt ist mir genug.
Ich war nicht immer so, hab nicht gewusst
Zu bitten: du führ an!
Den Weg zu schaun, zu wählen war mir Lust –
Doch nun: Führ du mich an!
Den grellen Tag hab ich geliebt, und manches Jahr
Regierte Stolz mein Herz trotz Furcht: Vergiss, was war.
So lang gesegnet hat mich deine Macht, gewiss
Führst du mich weiter an
Durch Moor und Sumpf, durch Fels und Sturzbach, bis
Die Nacht verrann
Und morgendlich der Engel Lächeln glänzt am Tor,
Die ich seit je geliebt, und unterwegs verlor.
(Deutsch von Ida Friederike Görres)

zitiert nach: NZZ vom 3. 8. 1990. S. 33.

6. Stunde:
Gotteserfahrungen (I) – Die Verkündigung der Geburt Jesu

A Methodisch-didaktische Vorbemerkungen

Die folgenden drei Stunden bilden eine thematische Einheit. Ausgehend von zentralen neutestamentlichen Texten sollen die Schüler Grundstrukturen der christlichen Rede von Gottes Engeln kennenlernen. Die Verkündigung der Geburt Jesu an die Hirten auf dem Felde (Lk 2.1–20) wurde als Textgrundlage gewählt, weil hier exemplarisch die Beziehungsstruktur Gott–Jesus Christus–Engel–Mensch (Hirten) gezeigt werden kann, und weil der Lobgesang der Engel („Ehre sei Gott in der Höhe" Lk 2.14) als Gloria in den Eingangsteil der evangelischen und katholischen Gottesdienstordnungen gehört.

Die Erarbeitung des Textes zeigt den Schülern, daß die Rede von Gottes Engeln nicht in Konkurrenz zur Menschwerdung in Jesus Christus steht, sondern vielmehr die Einmaligkeit dieser Offenbarung unterstreicht. Die Hirten erkennen Gottes Sohn nicht aus eigener Kraft, sondern sie werden durch die himmlischen Heerscharen zur Krippe und zum Glauben geführt. So sichert die Rede von den Engeln hier die zentrale Aussage des Evangeliums: Gott wird allein sichtbar in Jesus Christus, und Gott allein führt den Menschen zum Glauben.

Diesen Anredecharakter des Engels, seine hermeneutische Funktion, vertieft das Bild von dem Engel und den schlafenden Heiligen Königen (Mat. 12) aus der Kathedrale von Autun (Frankreich). Die drei Könige haben einen Leib. Sie repräsentieren drei Aspekte der menschlichen Natur: den Körper, den Geist und die Seele. Sie allein hat die Augen geöffnet, ist erwacht, Gottes Botschaft zu hören. Geist (Vernunft) und Leib können den Hinweis auf den Stern zu Bethlehem nicht wahrnehmen.

B Ziele der Stunde

In der Stunde sollen die Schüler
– erkennen, daß die Engel zum Glauben an Christus führen (hermeneutische Funktion),
– erkennen, daß die Bibel keine Aussagen über das Wesen der Engel macht, sondern über ihre Funktion,
– durch Beobachtung der Hirtenworte typische Reaktionen auf die Erscheinung von Engeln entdecken,
– den Traum als eine Offenbarungsebene kennenlernen,
– die Rezeption des Glorias in der Liturgie kennenlernen,
– anhand eines Kapitells der Kathedrale von Autun über die eigene Bereitschaft, sich dem Glauben zu öffnen, nachdenken.

C Stundenverlauf

Phase 1: Die Arbeit mit der Konkordanz (Stichwort „Engel") wird den Schülern Freude gemacht haben. Zentrale Entdeckungen sollten vorgestellt werden. Ob er bei ihnen verweilt, wird der Lehrer entscheiden.

Phase 2: Hier steht die Untersuchung der Beziehungsstruktur im Vordergrund. Sie klärt das komplementäre Verhältnis von Angelologie und Christologie im NT. Dies wird durch ein Strukturbild an der Tafel festgehalten. Daß die Erscheinung der Engel Furcht (V. 9–10) auslöst, ist bezeichnend. Dies zeigt den Schülern die Wirkmächtigkeit der echten biblischen

Engel. Charakteristisch für sie ist auch das Gotteslob (V. 14), in das die Hirten, nachdem sie Christus gefunden haben, einstimmen (V. 20).

Zu dieser Phase bieten sich zahlreiche *Vertiefungen* an. Der Text von Walter Nigg (Mat. E) beschreibt den biblischen Sachverhalt. Der Lehrer könnte ihn vorlesen lassen.

Mat. E

Walter Nigg, Bleibt, ihr Engel, bleibt bei mir ...

Es ist unmöglich, die biblische Berichterstattung von den Engeln mit der Wucht auszuführen, wie es unbedingt geschehen sollte. Eine Folgerung aber muß festgehalten werden: Das Alte und das Neue Testament sind von der übernatürlichen Wirklichkeit der Engel fest überzeugt. Die Engel sind für die Bibel geistige Realitäten, denen gegenüber sie nicht den geringsten Zweifel kennt. Nach der biblischen Schilderung sind Engel beinahe furchterregende Gestalten. Offenbar haben die Engel den Menschen zunächst erschreckt. Der Engel ist ein glutvolles Wesen und in seinem Lichtglanz zugleich eine majestätische Erscheinung. Eine hoheitsvolle Würde ist ihm nach der biblischen Rede eigen. Nie aber macht die Bibel nähere Enthüllungen über sein Wesen. Es gibt keine detaillierten Ausführungen über die Engel, und nicht die geringste Andeutung einer Engellehre läßt sich finden. Das Alte und ebenso das Neue Testament wahren streng das Geheimnis der Engel. Sie berichten vorwiegend von Engelerscheinungen, Engelbegegnungen und Engelverkündigungen, es ist ein Kommen und Gehen, ihre Erscheinungen wollen kein Ende nehmen, und nie kann der Mensch sich ihrer bemächtigen, indem er sie seinem Verstand untertan macht. Die Realität der Engel spielt sich nach der Bibel auf der Ebene des Erlebens ab; eine entscheidende Einsicht die es festzuhalten gilt.

Wenn man dieser Tatsache gegenüber den Einwand vorbringt, die Engel in der Schrift seien eben ein naiver Ausdruck der mythologischen Vorstellungswelt, der die ganze Bibel verhaftet sei, und ein solches Weltbild sei für den modernen Menschen nicht mehr annehmbar, so ist das ein weltanschauliches Vorurteil ohne ernsthafte Beweisführung. Der „Moderne Mensch" ist ein fragwürdiger Begriff und kann nicht als Maßstab verwendet werden. Mythen existieren ganz unabhängig davon, was Wissenschaft und Technik dazu sagen. Die moderne Bibelauslegung mit ihrer religionsgeschichtlichen, aus dem 19. Jahrhundert stammenden Methode, erklärt sich die Engelgestalten aus dem Einfluß der umliegenden Nationen auf das Judentum. Dies ist weniger eine wissenschaftliche Feststellung als ein Ausweichen in die Unverbindlichkeit; man will sich einem biblischen Tatbestand nicht stellen und versucht, ihn durch allerlei gelehrte Hypothesen wegzudiskutieren. Das biblische Zeugnis kennt die Engel. Sie haben ein Daseinsmaß, das über das der Menschen hinausgeht. Der Engel ist Geist, und sein Wesen ist nicht an einen Leib gebunden. Für ihn gibt es weder Grenzen des Raumes noch der Zeit. Diese Wahrnehmung hat mit einem bloßen Biblizismus nichts zu tun. Wer die Bibel liebt, steht vor ihrer Berichterstattung ehrfürchtig still, genauso wie vor einer jahrhundertealten Tradition, und bildet sich nicht ein, er, als kleines Einzelmenschlein, sei imstande, sie mit einer Handbewegung unter den Tisch zu wischen. Die Bibel zeugt von einer Wirklichkeit, von einem gnadenhaften Realismus, der unser rationales Denken weit überragt. Der Christ anerkennt das Geheimnis, läßt das Mysterium gelten und versucht nicht, es analytisch aufzulösen, denn daraus würde nur ein Trümmerhaufen entstehen. Die Worte der Bibel sind aus einer überwältigenden Bekundung Gottes hervorgegangen, und ihre Symbolsprache läßt sich mit einer nur wissenschaftlichen Methode nicht aufschlüsseln, weil es zwei verschiedene Ebenen sind. Es ist besser, mit Oetinger zu sagen: „Alle diese Dinge, die wir jetzt nicht verstehen, müssen wir nicht durch eigene Auslegung festsetzen. Die Zeit wird kommen, da man es besser versteht."

aus: Walter Nigg/Karl Gröning. Bleibt, ihr Engel, bleibt bei mir ..., Prophyläen Verlag / Verlag Ullstein GmbH, Frankfurt/Berlin, S. 12–13.

Phase 3: Daß der Engel im Traum erscheint, bezeugen zentrale biblische Texte (z. B. Gen 28.12ff.; Mth 2.13). Die Bildbetrachtung soll Raum für Nachdenklichkeit schaffen: Auch uns werden – wie den Heiligen Drei Königen – Zeichen gegeben. Öffnen wir die Augen unserer Seele für den Anruf des Engels?
Der Lehrer kann die Stunde beschließen mit einem Zitat von Nelly Sachs:

„Ihr Ungeübten, die in den Nächten nichts lernen.
Viele Engel sind euch gegeben
Aber ihr seht sie nicht."
oder der Lektüre des Auszuges aus den Lebenserinnerungen von Marc Chagall (Mat. F). Die Petersburger Engelvision (1905) hallte ein langes Leben nach in Chagall, dem bedeutendsten Maler der Engel in unserem Jahrhundert.

Mat. F

Marc Chagall, Mein Leben

In dieser Zeit wurde ich einer Plejade von Mäzenen vorgestellt. Überall in ihren Salons fühlte ich mich wie einer, der gerade aus dem Dampfbad gestiegen war, mit rotem, erhitztem Gesicht.
Ach, die Aufenthaltsgenehmigung für die Hauptstadt!
Ich wurde Hausdiener beim Rechtsanwalt Goldberg.
Die Advokaten hatten das Recht, jüdische Bedienstete zu halten.
Doch mußte ich nach dem Gesetz bei ihm wohnen und essen.
Wir sind uns nähergekommen.
Im Frühling nahm er mich mit zu seiner Familie, auf ihr Gut Narwa, wo seine Frau und seine Schwestern, die Germontes, in den großen Sälen, im Schatten der Bäume und am Meeresstrand so viel Zärtlichkeit verströmten. Ihr lieben Goldbergs! Euer Bild ist mir vor Augen.

Aber bevor ich diese Mäzene kennenlernte, wußte ich nicht, wo ich übernachten sollte.
Meine Mittel erlaubten mir nicht, ein Zimmer zu mieten; ich mußte mich mit Zimmerecken begnügen. Ich hatte nicht einmal ein Bett für mich allein. Ich mußte es mit einem Arbeiter teilen. Er war wirklich ein Engel, dieser Arbeiter mit dem tiefschwarzen Schnurrbart.
Aus lauter Freundlichkeit zu mir drückte er sich ganz gegen die Wand, damit ich mehr Platz hätte. Ich lag, ihm den Rücken zukehrend, mit dem Gesicht zum Fenster und atmete die frische Luft.
In diesen Zimmern, mit Arbeitern und Straßenhändlern als Nachbarn, blieb mir nichts anderes übrig, als mich auf den Bettrand zu legen und über mein Leben zu grübeln. Worüber sonst? Und Träume suchten mich heim: ein viereckiges Zimmer, leer. In einer Ecke ein Bett und ich darin. Es wird dunkel.
Plötzlich öffnet sich die Zimmerdecke und ein geflügeltes Wesen schwebt hernieder mit Glanz und Gepränge und erfüllt das Zimmer mit wogendem Dunst. Es rauschen die schleifenden Flügel.
Ein Engel! denke ich. Ich kann die Augen nicht öffnen, es ist zu hell, zu gleißend. Nachdem er alles durchschweift hat, steigt er empor und entschwindet durch den Spalt in der Decke, nimmt alles Licht und Himmelblau mit sich fort.
Dunkel ist es wieder. Ich erwache.

aus: Marc Chagall. Mein Leben. Verlag Gerd Hatje, Stuttgart. S. 81 ff.

7./8. Stunde: Gotteserfahrungen (II) – Engel im Leben Jesu

A Methodisch-didaktische Vorbemerkungen

In der folgenden biblischen Grundlegung neutestamentlicher Rede von Gottes Engeln können die Schüler an acht exemplarischen Texten (vgl. Rosette) über Leben, Sterben, Auferstehung, Himmelfahrt und Parusie Christi erkennen, daß die Engel zur Sprachgestalt der Offenbarung gehören, jedoch keine konkurrierende Nebenhandlung zu Gottes Offenbarung in Jesus Christus eröffnen. Die Zusammenstellung lukanischer und mattheischer Rede von den Engeln als Begleiter der Vita Jesu dokumentiert ihre eindrucksvolle Gegenwart an zentralen Stellen des Heilsgeschehens. Dies motiviert die Schüler zur Arbeit an den biblischen Texten und läßt sie nach der Funktion der Rede von Gottes Engeln im Kontext der Evangelien fragen. Damit wird die Untersuchung der Beziehungsstruktur Gott–Engel–Jesus–Mensch aus der letzten Stunde konsequent fortgesetzt.
Die Schüler können anhand des biblischen Textmaterials grundlegende Strukturen der Angelologie erkennen: Engel vernetzen das Leben Jesu mit dem Zuspruch und dem Beistand Gottes und zeigen so dem gläubigen Blick Gottes Präsenz im Alltag des Nazareners. Gottes Engel erscheinen hier in Grenzsituationen humaner Existenz wie sozialen Konflik-

ten, Entscheidungssituationen, Ängsten oder Verlusterfahrungen. Diese konkrete Erfahrungsebene ist auch in der außerbiblischen Rede von Engeln immer vorhanden. Daher bereitet die Untersuchung der Funktion der Engel im Leben Jesu den Vergleich von biblischer und außerbiblischer Engelrede vor.

Der Blick auf die Beziehungsstruktur Gott–Engel–Jesus–Mensch zeigt die therapeutische und hermeneutische Funktion der Boten Gottes. Der Engel schenkt affektive (Schutzengel) oder cognitive (Deuteengel) Erkenntnis von Gottes Zuwendung. Durch ihn wird Gottes Wirken in seiner Schöpfung (3. Artikel) deutlich.

B Ziele der Stunde

Am Ende der Stunde sollen die Schüler
- wissen, daß die Engel in Grenzsituationen humaner Existenz Gottes Beistand verkünden,
- wissen, daß die Engel Ausdruck von Gottes Gegenwart im Leben Jesu sind,
- die unterschiedliche Funktion biblischer Rede von Gottes Engeln (Schutzengel, Deuteengel, Gerichtsengel) erkannt haben.

C Stundenverlauf

Phase 1: Die Stunde beginnt mit einer Bildbetrachtung (Mat. 13). Hans Memlings Gemälde „Die Verkündigung" (1482) soll die Schüler in das Thema einstimmen, zugleich aber die mit jeder Engelrede verknüpfte anthropologische Erfahrungsdimension exemplarisch entfalten. Die abwehrende Gestik (Handbewegung) der Maria deutet auf eine außergewöhnliche Mitteilung durch den Engel: Gabriel verkündigt die jungfräuliche Empfängnis. Die Schüler werden vermutlich ohne helfende Hinweise des Lehrers den Gehalt des Bildes klären können.

An dieser Stelle kann der Lehrer kurz die sprechenden Namen der Engel erläutern. Die Endsilbe enthält den Gottesnamen „El" und zeigt somit an, daß Gott durch den Engel wirkt. Die hebräischen Namen bedeuten:

Gabriel – „Kraft Gottes" (Lk 1.19 + 26)
Michael – „Wer ist wie Gott" (Apk 12.7)
Raphael – „Gott heilt" (Tobit 3.17; 5.4; 12.15)

Den drei Erzengeln waren kirchliche Festtage zugeordnet: Gabriel (24. März), Raphael (24. Oktober), Michael (29. September). Seit der Liturgieform des II. Vaticanums (1969) gilt der 29. September (Michaelistag) – wie in der evangelischen Kirche – als gemeinsamer Festtag der himmlischen Heerscharen.

Phase 2: Wie der neuzeitliche Mensch reagiert Maria mit rationaler Skepsis (Lk 1.34 „Wie soll das zugehen, da ich doch von keinem Manne weiß?") auf die Botschaft des Engels.

Der von den Schülern zu schreibende innere Monolog der Maria leistet eine affektive Annäherung an die Situation des Empfängers der Botschaft Gabriels, die auf cognitiver Ebene eine Ergänzung durch den Vergleich von Bild und Text (Lk 1.26–38) findet. Die Schüler erkennen, daß sich mit Gabriels Erscheinen Marias Situation grundlegend ändert und daß sich innerhalb ihrer Reaktion eine radikale Wandlung vollzieht: Aus Furcht (V. 29) vor der Engelerscheinung und rationaler Skepsis (V. 34) am Realismus der Botschaft wird Einwilligung in ein die Vernunft übersteigendes Geschehen (V.38), wird Glaube. Der Lehrer kann hier darauf hinweisen, daß auch Martin Luther in seiner Auslegung des „Magnificat" (1521) Maria als Vorbild des Glaubens beschrieben hat.

Literaturhinweis:
Martin Luther. Das Magnificat, verdeutscht und ausgelegt. In: Ausgewählte Schriften. Band 2. S. 115-196.

Phase 3: In einem Klassengespräch werden jetzt die Ergebnisse der Hausaufgabe eingebracht. Wenn die Schüler durch ihre Arbeit mit der Konkordanz wesentliche Textstellen der folgenden Erarbeitung antizipieren konnten, teilt der Lehrer schon jetzt das *Schülerexemplar* der nicht beschrifteten *Rosette* aus (Arbeitsblatt 2). Das vollständig ausgefüllte Lehrerexemplar (vgl. Beilage, S. 12) dient der Kontrolle der Ergebnisse.

Hinweis:
Die Rosette dient nicht nur der Ergebnissicherung und der Visualisierung des Wirkens Gottes in der Geschichte. Sie wird den Schüler und den Lehrer durch das gesamte Kursthema begleiten und mehrfache Vertiefungen der Bedeutung und des Verstehens erfahren: An ihrer Struktur ist das Sprachproblem zu erläutern, die Bedeutung der Engelhierarchie bei Dionysios von Areopagita, Dante und Hildegard von Bingen und die eschatologische Rede von Gott, der „alles in allem" ist, in der das Thema abschließenden Gesprächsrunde. Erst hier wird der Mittelpunkt beschriftet werden (vgl. 23./24. Stunde).

Phase 4: Das erste Blattsegment der Rosette sollte gemeinsam beschriftet werden. Zur Orientierung und Lernerfolgskontrolle kann der Lehrer von seinem Exemplar eine Folie brennen. Die Erarbeitung der biblischen Texte in Einzel-, Partner- oder Gruppenarbeit hängt von der zur Verfügung stehenden Zeit ab.

Phase 5: Eine kurze Lehrerinformation bereitet die Zuordnung der biblischen Texte zu den drei Engeltypen vor:

Der *Deuteengel* (angelus interpres) tritt in Perikopen auf, die zeigen, wie Menschen zum Glauben gekommen sind. Er führt die Menschen (Maria, Hirten, Frauen am Grab, Apostel) ins Geheimnis der Offenbarung Gottes.

Der *Schutzengel* ist Ausdruck der lebensrettenden Macht Gottes oder seiner stärkenden Zuwendung in Grenzsituationen und Gefahren.
Die Rede vom Schutzengel schließt die Erfahrung von Angst, Leid und Sterben (vgl. Jesu Weg ans Kreuz) nicht aus, sondern sie will den Gläubigen Gottes Anwesenheit *trotz* dieser Erfahrungen zusprechen. Ihr liegt folglich kein naives, wohl aber ein paradoxes Wirklichkeitsverständnis zugrunde: Auch im Leid wird der Mensch von Gott begleitet. Um Mißverständnissen vorzubeugen, sprechen einige Autoren daher lieber vom „Begleitengel". Romano Guardini (Mat. 37; 20./21. Stunde) empfiehlt den Ausdruck „Engel des Menschen".

Der *Gerichtsengel* als Begleiter des wiederkehrenden Christus ist Zeichen für Gottes Gedächtnis, in dem das gelebte Leben jedes Menschen erinnert und offenbart wird (vgl. dazu Mat. 41).

Phase 6: Eine methodische Hilfe zur Bestimmung der Funktion der jeweiligen Engelrede in den biblischen Texten ist die Einklammerungsprobe. Mit Bleistift werden Sätze eingeklammert, in denen von Engeln die Rede ist.
So wird deutlich, daß die biblischen Texte auch mit den Kürzungen verständlich sind, jedoch ginge der Hinweis auf Gottes Gegenwart in der Geschichte und seine Hilfe verloren. Dies kann exemplarisch an Lk 22.39-46 (Jesus im Garten Gethsemane) gezeigt werden. Striche man Vers 43 („Da erschien ihm ein Engel vom Himmel und gab ihm neue Kraft"), so ginge der transzendente Bezug verloren. Daß Engel

Ausdruck des 3. Artikels sind, können die Schüler auch durch eine Arbeit an Lk 24.1–12 (Das leere Grab) sehr gut entdecken. Eine Streichung der Engel (Vers 4f) würde das leere Grab ohne Deutung lassen. Gottes Wege blieben unverstanden. Das gilt auch für die Ankündigung der Geburt Jesu (Lk 1.26–38), die Verkündigung der Heerscharen bei den Hirten auf dem Feld (Lk 2.7–20) und die Himmelfahrt (Apg 1.4–14). Der Engel beseitigt cognitive oder affektive Irritationen und stellt durch seine Botschaft oder seinen Beistand Normalstimmigkeit her. Ob jeder Schüler nur jeweils einen Text bearbeitet oder sämtliche wird gleichfalls von der zur Verfügung stehenden Zeit abhängen. In jedem Fall muß hier Raum für entdeckendes Lernen gegeben werden.

9. Stunde:
Gotteserfahrungen (III) –
Die Befreiung des Petrus

A Methodisch-didaktische Vorbemerkungen

Gottes Wirken setzt sich nach der Himmelfahrt Jesu fort. Im Pfingsterlebnis erfährt dies die verschüchterte Gemeinde. Am Beispiel der Geschichte von der Befreiung Petri aus dem Gefängnis (Apg 12.1–25) lernen die Schüler an einem exemplarischen Text die Grundtendenz der Apostelgeschichte kennen: Es ist Gott allein – und nicht menschliche Kraft –, der den Fortbestand und das Wachsen des Glaubens in der Welt garantiert. Mit Petrus wird der erstberufene Jünger, an den das Verheißungswort Jesu („Du bist Petrus, und auf diesen Fels will ich meine Gemeinde bauen, und die Pforten der Hölle sollen sie nicht überwältigen." Mth 16.18) erging, gerettet. Die Geschichte kann somit den Schüler zu einem kleinen Lehrstück der biblischen Befreiungstheologie werden: Gott befreit die Kirchen aus allen Gefahren, damit sie ihrem Verkündigungsauftrag (Apg 12.16) nachkommen können.

Der Unterricht wird also das hinter der Geschichte stehende theologische Problem, die Frage nach dem Schutz der Gläubigen, freilegen. Nicht die Kirche Petri sichert die Ausbreitung des Glaubens, sondern Gott allein. Dies wird den Schülern deutlich, wenn sie die Funktion des Engels und sein Verhältnis zur Gemeinde (Kirche) klären. Es ist bezeichnend, daß die junge Kirche, erfüllt von ihrem Missionsauftrag, mit einem zweiten Weg von Gottes Wirken in der Welt nicht mehr rechnet (vgl. Apg 12.15). Hier wird sie belehrt: neben der Kirche bleibt wie in alttestamentlicher Zeit der Weg der unmittelbaren Gottesbegegnung durch den Engel bestehen. Die späteren Heiligenlegenden werden darauf aufbauen.

B Ziele der Stunde

Die Schüler sollen in dieser Stunde mit Apg 12.1–25
- eine zentrale theologische Tendenz der Apostelgeschichte kennenlernen,
- erkennen, daß die Rede von Gottes Engel Ausdruck der Rettung und Bewahrung der entstehenden Kirche ist,
- zentrale Reaktionen der jungen Gemeinde auf die Erfahrung der unmittelbaren Hilfe Gottes beschreiben,
- erkennen, daß der Engel Gottes unmittelbare Kontaktaufnahme mit dem Menschen darstellt und davon das mittelbare Wirken Gottes durch die Kirche abgrenzen können.

C Stundenverlauf

Phase 1: Vor der Präsentation des Textes sollte sichergestellt sein, daß die Schüler den a) *Kontext der Geschichte* kennen und über die zentrale b) *Rolle Petri* informiert sind. Der Lehrer kann folgendes Hintergrundwissen bereitstellen:
a) Apg 12.1–25 steht im Kontext der Verfolgung der Gemeinde Christi. Im Pfingsterlebnis gerade gegründet, sieht sie ihre Existenz gefährdet. Mit Stephanus hat sie ihren ersten Märtyrer gehabt, ein Zeuge Christi, dessen „Angesicht wie eines Engels Angesicht" (Apg 6.15) auf seine Peiniger blickte.
b) Mit Petrus sitzt nicht irgendwer im Gefängnis, sondern der Jünger, der Fels der Kirche werden sollte. In seinem Verhältnis zu Jesus wird die wechselvolle Beziehung der späteren Kirche zu ihrem Herrn vorweggenommen: Petrus wird als erster in die Nachfolge berufen, spricht als erster das Christusbekenntnis aus, schläft aber im Garten Gethsemane und verleugnet Christus vor seinen Verfolgern.

Phase 2: Die Textanalyse konzentriert sich auf zwei Aspekte:
– Die Reaktion der Beteiligten auf die Befreiung, und
– die Klärung des Verhältnisses von Gottes Wirken durch die Kirche und den Engel.

Zur Vertiefung bietet sich hier ein Exkurs ins Alte Testament an. Daniel 3 ist das alttestamentliche Gegenstück zur Befreiungstheologie von Apg 12. Die Geschichte erinnert an das babylonische Exil. In der Zeit der Bedrohung und Verfolgung der jüdischen Gemeinde werden drei Männer in einen Feuerofen geworfen, weil sie sich dem babylonischen Götzendienst nicht beugen wollen. Ein Engel Gottes (Daniel 3.24) rettet sie vor dem Flammentod. Der Lehrer wird entscheiden, ob er diesen Text vorliest oder bearbeiten läßt.

Phase 3: Auch bei Apg 12 sollte die Frage nach dem Wirklichkeitsgehalt Raum im Unterricht finden. Mit einer Psychologisierung oder metaphorischen Umdeutung des Realismus' der Befreiungsgeschichte (etwa: Die Geschichte wolle sagen, die junge Kirche habe die Erfahrung gemacht, daß die Sache des Auferstandenen weitergehe) wird man ihr nicht gerecht. Daß Petrus tatsächlich aus einer hoffnungslosen Situation real befreit wird, will auch die Gemeinde (V. 15) nicht glauben. Das Unterrichtsgespräch wird dafür über die Methode des identifikatorischen Schreibens Gründe ermitteln.
Ein Vergleich mit einem modernen nicht-religiös gedeuteten Bericht (Mat. 14) der Rettung aus Todesgefahr beschließt diese Stunde und hebt den Aussagegehalt von Apg 12 vertiefend hervor.
Die **Hausaufgabe** soll unsere Schüler mit zentralen Texten des Alten Testamentes vertraut machen.

Literaturhinweis:
Von einer wunderbaren Rettung durch den Engel berichtet auch Schalom Ben-Chorin in seiner Erzählung: Der Engel mit der Fahne. Geschichten aus Israel. dtv 11087. S. 48 ff. Das Motiv der rechten Erkenntnisweise des Engels entfaltet Michael Endes Vollmondlegende. dtv 79031.

10./11. Stunde: Gotteserfahrungen (IV) – Himmelsleiter und Engelkampf

A Methodisch-didaktische Vorbemerkungen

Die Befreiung des Petrus (9. Stunde) zeigt unseren Schülern eine zentrale Gotteserfahrung der entstehenden Kirche. Diese Doppelstunde will zu einer kreativen Auseinandersetzung mit zwei Engelgeschichten aus dem Erzählstrang der Jakobsgeschichten anleiten. Jakobs Traum von der Himmelsleiter (Gen 28) und Jakobs Kampf mit dem Engel (Gen 32) zeigen zwei Möglichkeiten der Gotteserfahrung. Beide ereignen sich in der Nacht, jedesmal ist Jakob dabei, eine Grenze zu überschreiten. Einmal voller Angst auf der Flucht vor dem Bruder Esau, den er um den Segen betrogen hat, das andere Mal überreich aus dem Exil bei seinem Schwiegervater Laban zurückkehrend. Die Gotteserfahrung macht er jeweils allein. Im Traum wird sie passiv empfangen („Und siehe, ich bin mit dir und will dich behüten, wohin du ziehst" Gen 28.15), im nächtlichen Kampf am Flusse Jabbok aktiv errungen („Ich lasse dich nicht, du segnest mich denn." Gen 32.27).
Zwischen Segensgeschenk und Segenskampf vollzieht sich Jakobs Leben vor Gott. Er verweist damit nicht nur auf das Volk Israel (isra-el = Gottesstreiter), sondern umgreift Formen der vita passiva und vita activa vor Gott, die auch unseren Schülern ein Identifikations- und Orientierungsmuster anbieten. Deshalb will diese Doppelstunde den Erfahrungsgehalt der beiden Texte freisetzen und die Schüler zu einer ersten Klärung ihrer eigenen Gottesbeziehung führen. Dies kann nur über eine nichtdirektive Methode geschehen. Methodisch wollen wir das unausdeutbare Erfahrungspotential der beiden Geschichten nutzen, indem unsere Schüler die Möglichkeit erhalten a) entweder ein Bild für eine Kinderbibel zu malen oder b) eine kurze Ansprache für Konfirmanden (Firmlinge) zu entwerfen. Diese funktionale Umsetzung der im Text dokumentierten Gotteserfahrung für eine jüngere Altersgruppe erleichtert die persönliche Auseinandersetzung.

B Ziele der Stunde

Die Schüler sollen in dieser Doppelstunde
– zu einer kreativen Auseinandersetzung mit dem Erfahrungspotential von Gen 28 und Gen 32 geleitet werden und dabei
– erkennen, daß die Texte zwei Formen der Gottesbegegnung aufzeigen.
– die Gotteserfahrungen der Texte auf heutige Lebenssituationen beziehen und
– mit Dokumenten aus der Rezeptionsgeschichte vergleichen können.

C Stundenverlauf

Phase 1: Da weder Textanalyse noch kritische Wertung im Zentrum dieser Stunde stehen, kann die kreative Arbeit nach einer kurzen Klärung des Kontextes der beiden Geschichten beginnen. Der Lehrer wird sich jeden Kommentars über den Inhalt enthalten. Der Text soll wirken, Fragen aufwerfen, in Problemstellungen führen und somit zur Auseinandersetzung motivieren.
Die Arbeit erfolgt in Kleingruppen (3–4 Schüler). Die Schüler entscheiden sich für *einen* Text und *eine* Arbeitsform (Ansprache oder Illustration einer Kinderbibel).

Phase 2: Während der Erarbeitung in Kleingruppen ist der Lehrer nicht passiv. Er malt oder schreibt mit. Je nach Lerngruppe wird er entscheiden, ob er die offene Form der Arbeitsaufträge einschränkt, indem er sie durch die Anbindung an die Sätze der Segensverheißung (Gen 28.15) und des Segenskampfes (Gen 32.27) konkretisiert.

Phase 3: Die Präsentation der Ergebnisse sollte zugleich die getroffenen Entscheidungen in der Versauswahl und Schwerpunktsetzung, der Aktualisierung und Deutung bewußtmachen.

Phase 4: Der abschließende Vergleich spiegelt die vollzogenen Deutungen der Schüler im Kontext von Dokumenten der Rezeptionsgeschichte. Das Zitat aus den Tagebüchern von Ernst Jünger (23.12. 1944) (Mat. 15) deutet den Engelkampf als Gottes Eingrenzung des titanischen Menschen. Die Bilder von Rembrandt (Mat. 16) und des flämischen Psalters (Mat. 17) sind zwei Beispiele aus der überreichen Rezeption (vgl. Mat. 28) der beiden Texte in der bildenden Kunst.

Die **Hausaufgabe** ist zugleich eine kleine Klausurübung. Der Text von Eva Richter: Der Engel kam im Traum (Mat. 18) erzählt auch von einer nächtlichen Begegnung mit dem Engel. Im Vergleich zu Jakobs Gotteserfahrungen verblaßt er, weil er außer wohligen Gefühlen nichts anspricht. Dieser moderne Engel ist religiös irrelevant, harmlos, kitschig und ohne Folgen für den weiteren Lebensweg des Menschen.

12. Stunde:
Warten auf den Engel – Franz Kafka und der Traditionsabbruch

A Methodisch-didaktische Vorbemerkungen

Die Parabeln des Prager Juden Franz Kafka (1883–1924) sind den Schülern aus dem Deutschunterricht bekannt. In dieser Stunde werden sie durch die jüdische Lesart dieser mehrdimensionalen Texte zu einer Auseinandersetzung mit dem Problem des Traditionsabbruches geführt. Kafka blieb – wie vielen Menschen heute – der Glaube seiner Väter verschlossen. Seine Parabel „Eine kaiserliche Botschaft" (1917) zeigt die doppelte Unmöglichkeit der Begegnung von religiöser Tradition (Welt des Kaisers) und Gegenwart (Abendlicher Traum von einer Zuwendung des Kaisers).

Daß die Parabel in ihrer theologischen Lesart von Gott und seinen Boten spricht, wird den Schülern durch einen Vergleich mit Jesajas Thronvision (Jesaja 6.1–13) einsichtig. Dieser Kontrast- und Korrespondenztext aus der alttestamentlichen Tradition läßt die Besonderheiten der modernen Parabel hervortreten: Das Wissen von Gottes Boten hat sich in ein Gerücht verkehrt, „eine Art von theologischer Flüsterzeitung" (Benjamin). Ihr Wirken gleitet ab in den Irrealis. Selbst wenn es stimmte, was diese Parabel gerüchteweise kolportiert, daß Gott dem Menschen eine persönliche Nachricht zukommen läßt, so wird ihr Bote den Adressaten niemals erreichen. Um Gott hat die Tradition einen Hofstaat gelagert, der undurchdringlich scheint. Es würde „Jahrtausende" dauern. Die göttliche Wahrheit bräuchte also eine Weltzeit um ans Licht zu treten. Dem steht die kurze Lebenszeit des Menschen gegenüber. Gott und Mensch können hier nicht zusammenkommen, die Brennpunkte der Ellipse werden sich nie durchdringen. Dennoch wartet der Mensch auf Gottes Zuneigung.

Die Schüler werden beide Erfahrungen nachvollziehen können: Das Ausgegrenztsein von religiöser Tradition (Traditionsabbruch) und die spirituelle Sehnsucht. So stellt sich ihnen am Ende der Stunde, mit der moderne theologische und ästhetische Deutungen des Engels eröffnet werden, die Frage nach ihrem Verhältnis zur Tradition neu. Dies geschieht durch die Problematisierung der Haltung des am Fenster wartenden Menschen. Er ist „vor der kaiserlichen Sonne" geflüchtet und träumt dennoch von einer Zuwendung. In ihm spiegelt sich die komische Seite moderner religiöser Existenz, die traditionelle Bindung nicht mehr eingehen kann, aber dennoch von spiritueller Sehnsucht erfüllt ist.

Weder romantische Fluchtbewegungen noch ein unreflektierter Traditionalismus wird unsere Schüler zu einer glaubwürdigen Auseinandersetzung mit der Gottesfrage führen. Die Parabel zeigt einen anderen Weg: Das beharrliche Warten auf Gottes Engel in der Nacht der Gottesfinsternis.

Literaturhinweis:
Walter Benjamin – Gershom Scholem. Briefwechsel 1933–1940. Frankfurt 1980.
Karl Erich Grözinger (Hrs.). Kafka und das Judentum. Frankfurt 1987.

B Ziele der Stunde

In dieser Stunde sollen die Schüler
– eine religiöse Lesart von Kafkas Parabeln kennenlernen,
– durch die Arbeit an der Parabel mit dem Problem des Traditionsabbruches erneut konfrontiert werden,
– in der Person des wartenden Menschen eine ambivalente religiöse Gefühlslage der Moderne wiedererkennen,
– sich mit Perspektiven der Überwindung des Traditionsabbruches auseinandersetzen.

C Stundenverlauf

Phase 1: Nach der Besprechung der Hausaufgabe erfolgt die Präsentation der Parabel „Eine kaiserliche Botschaft" (Mat. 20). Die Erarbeitung wird sich auf die Bildhälfte konzentrieren, die Personenkonstellation freilegen und die Situation des wartenden Menschen darstellen.

Phase 2: Bevor die Bildhälfte der Parabel entschlüsselt werden kann, müssen die Schüler ihren theologischen Kontext kennen. Dieser ist mit der Vision des Propheten Jesaja (6.1–13) darstellbar: Gottes Thron, umgeben von sechsflügeligen Serafim, von denen einer Jesaja mit der Gerichtsbotschaft betraut. Ergänzend dazu veranschaulicht die apokryphe Henochapokalypse, der sogenannte äthiopische Henoch, die Vorstellung von einem himmlischen Hofstaat von „zehntausendmal Zehntausenden" von Engeln. (vgl. Mat. 19) Der Lehrer kann hier auch auf Hesekiels Visionen (1.1–28; 10.1–22) zurückgreifen.

Phase 3: Jetzt können die Schüler die Bildhälfte der Parabel entschlüsseln. Zwei Aspekte werden deutlich: Trotz seiner Abwendung sehnt sich der Mensch nach Gottes Botschaft. Die Vorstellung vom geordneten himmlischen Hofstaat ist hier zu einer gigantischen Unübersichtlichkeit gesteigert. Der sterbende Gott sendet noch Engel, doch vermögen diese die

Mauern der Tradition nicht zu durchbrechen. Den jüdischen Visionären Jesaja und Henoch steht bei Kafka der Gottesträumer am nächtlichen Fenster gegenüber.

Phase 4: Vertiefend wird der Lehrer hier die Haltung des wartenden Menschen problematisieren. Er lauscht in die Nacht, obwohl das Gerücht vom Tode Gottes herumgeht. Ein Kafkazitat eröffnet diese Phase („Handle so, daß die Engel zu tun bekommen"). Walter Benjamin sah in dieser Lesart des kategorischen Imperativs Kafkas „Quelle seiner strahlenden Heiterkeit". (zitiert nach: Benjamin-Scholem, Briefwechsel, S. 273)

Die **Hausaufgabe** vertieft das Problem der Erfahrungsmöglichkeit Gottes. Walter Nigg (Mat. 21) betont den Zusammenhang von innerer Erlebnisfähigkeit und Wahrheitserfahrung, zeigt aber auch, daß nicht jeder Mensch zu jeder Zeit elementare Offenbarungen erfährt. Wir leben auch von den Gotteserfahrungen anderer.

13./14. Stunde:
Wohin sind die Tage Tobiae?
– Der Engel bei Rainer Maria Rilke und Walter Benjamin

A Methodisch-didaktische
   Vorbemerkungen

Rilke (1875–1926) hat in seinen zehn Duineser Elegien (1912–1922 entstanden) den Engel thematisiert, Walter Benjamin (1892–1940) entwirft in der neunten seiner Thesen „Über den Begriff der Geschichte", die kurz vor seinem Freitod in der Situation äußerster Bedrohung entstanden, das Symbol des Engels der Geschichte. Rilkes zweite Duineser Elegie entzündet sich in der Klage um den Traditionsabbruch: Die Zeiten, wo Engel leibhaftig zu Menschen kommen, so wie Raphael zum Knaben Tobit im alttestamentlichen Tobit-Buch, sind vorbei. Auch Benjamins Engel der Geschichte kann seine heilende Mission nicht mehr erfüllen. Damit führen beide Autoren unsere Schüler vor ein zentrales theologisches Problem: Den Glauben an die reale Möglichkeit der Erlösung in der geschichtlichen Welt, der durch das Ausbleiben des Messias (Judentum) und der Parusie Christi (Christentum) erschüttert worden ist.

Diese Doppelstunde vertieft die Erfahrung des Traditionsabbruches (vgl. 12. Stunde) und zeigt den Schülern am Beispiel von Rilke und Benjamin zwei exemplarische Antworten, die unser Jahrhundert auf die Frage nach dem religiös-metaphysischen Sinn der Geschichte in unheilvoller Zeit, gefunden hat. Während Benjamins melancholischer Engel „in der Immanenz der Geschichte scheitert, weil sie nur durch einen Sprung überwunden werden kann", also unter dem Aspekt der Möglichkeit Gottes, in der Geschichte zu wirken, zu einer „desperaten Ansicht" (Scholem) führt, versuchen Rilkes Elegien eine Rechtfertigung der Schöpfung durch das rühmende Wort des Dichters. Rilkes Elegien stellen dem theologischen Verstummen der jüdischen Tradition bei Benjamin eine ästhetische Religiosität gegenüber, die der Geschichte einen Sinn geben und das Theodizeeproblem lösen will. Der Engel dient dabei als Orientierungsmuster. Wie er, so preist der Mensch die Schöpfung und verwandelt dabei durch Formgebung ihre Vergänglichkeit. Während der Engel lediglich die schöpferische Gottheit (2. Elegie) widerspiegelt, verwandelt der Mensch im ästhetischen Akt die geschichtliche Welt ins Schöpfer-

wort zurück. Damit gibt er der Geschichte Sinn und erfüllt seine Aufgabe: Jubel und Ruhm aufzusingen wie die Engel (10. Elegie).
Benjamin und Rilke haben entscheidenden Einfluß auf die Konzeption von Wim Wenders Kultfilm „Der Himmel über Berlin" (1986) gehabt, der Gegenstand der folgenden Doppelstunde sein wird.

Literaturhinweis:
Donald A. Prater. Ein klingendes Glas. Das Leben des Rainer Maria Rilke. Eine Biographie. rororo 12497.
Gershom Scholem. Walter Benjamin und sein Engel. Vierzehn Aufsätze und kleine Beiträge. Frankfurt a.M. 1973.
Wim Wenders / Peter Handke. Der Himmel über Berlin. Ein Filmbuch. Frankfurt a.M. 1989[3].

B Ziele der Stunde

Am Ende dieser Doppelstunde sollen die Schüler erkannt haben,
– daß bei Benjamin und Rilke die Rede vom Engel mit der Frage nach dem religiös-metaphysischen Sinn der Geschichte verknüpft ist,
– daß Benjamins Geschichtsdenken nicht mehr mit einer rettenden Erscheinung des Messias rechnet und darüber zur Verzweiflung führt,
– daß der Engel bei Rilke eine neue Botenfunktion hat,
– daß Rilke in Übereinstimmung mit der Tradition im Engel ein Vorbild des Rühmens und Lobpreisens sieht,
– daß Rilkes ästhetische Religiosität auf eine Sinngebung der menschlichen Geschichte ausgerichtet ist.

C Stundenverlauf

Phase 1: Die Erarbeitung der Funktion des Engels der Geschichte geschieht unter Heranziehung der Quellen, auf die Benjamins Text (Mat. 22) selbst verweist: Das kleine Gedicht seines Freundes Gershom Scholem (1897–1982) und des Bildes „Angelus Novus" (Mat. 23) von Paul Klee (1879–1940). Benjamin erwarb das Aquarell im Jahre 1921. Bis zu seiner Flucht aus Paris im Juni 1940 hing es in seinen verschiedenen Arbeitszimmern. In seiner letzten Schrift „Über den Begriff der Geschichte" (1940) interpretiert er den „Angelus Novus" als Symbol der Ohnmacht des Messias. Der „Engel der Geschichte" schaut auf eine Trümmerlandschaft. Geschichte bleibt undurchsichtig.

Hinweis:
Der Lehrer kann Benjamins Geschichtsbild und seine Identifikation mit dem Engel vertiefen. So ist eine Arbeit mit Walter Benjamins weniger bekanntem Engeltext „Agesilaus Santander", der am 12. und 13. August 1933 auf Ibiza in ähnlich verzweifelter Lage geschrieben wurde, denkbar. (vgl. Scholem. Walter Benjamin und sein Engel. S. 40f).

Phase 2: Die Auszüge aus Rilkes Duineser Elegien (Mat. 24) legen das angelologische Gerüst der Gesamtkonzeption frei. In Abgrenzung zur biblischen Tradition soll Wesen und Funktion von Rilkes Engel erkannt und auf diesem Hintergrund das Menschenbild erarbeitet werden. Die Erarbeitung richtet sich nach der von Rilke getroffenen Reihenfolge (1. – 2. – 7. – 9. – 10. Elegie). Als methodische Alternative bietet sich gerade hier die, allerdings sehr zeitaufwendige, Methode der neuen Textzusammenfügung an. Der Lehrer teilt das kopierte und abschnittsweise zerschnittene Material aus. Die Schüler ordnen es nach von ihnen getroffenen Gliederungsprinzipien. So entstehen „neue" Elegien, die mit Rilkes Fassung verglichen werden können.

Phase 3: Rilkes religiöse Ästhetik können die Schüler den Elegien entnehmen. Zusätzliche Information bieten die Briefe von Rilke und Lou Andreas-Salomé (Mat. 25). Hinführend zur Lektüre wird der Lehrer auf die Entstehungsgeschichte der Elegien (vgl. Prater. Ein klingendes Glas. S. 561 ff.) verweisen: 1912 auf Schloß Duino entworfen, werden die zehn Elegien erst 1922 auf Château de Muzot (Wallis) vollendet. „Alles in ein paar Tagen, es war ein namenloser Sturm, ein Orkan im Geist ... alles, was Faser in mir ist und Geweb, hat gekracht ... Aber nun ists. Ist. Ist. Amen." schreibt Rilke am 11. 2. 1922 an Marie Fürstin von Thurn und Taxis-Hohenlohe, der die Elegien zugeeignet sind. Lou Andreas-Salomé vergleicht die Niederschrift sogar mit der Jungferngeburt. Zu ihrer systematischen Vorbereitung gehörte Rilkes Ortswechsel, die Herrichtung des Arbeitszimmers in Muzot für den Winter 1921/22, die Aufgabe der Korrespondenz im Januar 1922. Dann „mit immer weiter nach innen genommenen Herzen" entstehen in rascher Folge die „Sonette an Orpheus" und die Endfassungen der Elegien. Rilkes Korrespondenzpartnerin Lou Andreas-Salomé wurde am 12. 2. 1861 in Petersburg geboren. Gemeinsam bereisten sie Rußland (25. 4. – 28. 6. 1899 und 7. 5. – 24. 8. 1900). Lou Andreas-Salomé hat Erzählungen und Romane veröffentlicht, war mit dem bedeutenden Iranisten Andreas verheiratet und mit Nietzsche, Freud und Rilke freundschaftlich verbunden.

Die **Hausaufgabe** (Mat. 26) zeigt den Schülern, welche Wirkung die Engelvorstellungen von Benjamin, Klee und Rilke auf den Filmemacher Wim Wenders (*1945) gehabt haben. Sie bereitet auch die folgende Stunde (Filmvorführung: „Der Himmel über Berlin") vor.

15./16. Stunde:
Der Himmel über Berlin
– Wissen, was kein Engel weiß

A Methodisch-didaktische Vorbemerkungen

Wim Wenders Kultfilm „Der Himmel über Berlin" (126 Minuten) (kurze Zusammenfassung vgl. Mat. G) bildet nach dem Problemaufriß (1.–5. Stunde), der biblischen Grundlegung (6.–11. Stunde) den Abschluß des Kursbausteins, in dem Traditionsabbruch und -wandel (12.–16. Stunde) im Zentrum standen. In ihm haben die Schüler erfahren, welchen Einfluß die biblische Rede vom Wirken Gottes durch die Engel auf Dichtung und Kunst des 20. Jahrhunderts ausgeübt haben. Der sich bei Kafka andeutende Traditionsabbruch wurde durch Benjamin verschärft. Rilkes Rede von den Engeln hat eine andere Funktion: In ihrem transzendenten Bild spiegelt sich die Ausgabe des Menschen, die vergängliche Welt im dichterischen Wort zu preisen. Wim Wenders hat diese Quellen (vgl. Mat. 26) aufgenommen und zu einer radikalen Bejahung der geschichtlichen Welt verdichtet. Auch wenn er mit angelologischen Traditionen bricht, bleibt er doch mit seinem Konzept einer immanenten Transzendenz biblischen Motiven verpflichtet. Unter Rückgriff auf den freiwilligen Engelsturz aus Genesis 6.1–4 läßt er seinen Engel Damiel die Ewigkeit zugunsten der Liebeserfahrung mit der Künstlerin Marion aufgeben.

Für die Auswahl des Filmes sprechen also fünf Gründe:
- die im Film geleistete Aufnahme und Motivbündelung moderner Engelrede,
- die exemplarische Entfaltung immanenter Transzendenz als eines Wesenszuges moderner Kunst,
- die durch ihn geleistete Umwertung der biblischen Tradition des Engelfalls,
- seine breite Rezeption,
- seine leichte Zugänglichkeit in jeder Videothek.

B Lernziele der Stunde

In dieser Doppelstunde sollen die Schüler
- den theologischen Gehalt des Filmes erfassen und beschreiben können,
- zeigen können, welche theologischen und ästhetischen Motivstränge Wenders in seinen Film eingearbeitet hat,
- die Strukturen der immanenten Transzendenz des Filmes beschreiben können,
- das Motiv der bewußten Menschwerdung des Engels deuten und biblisch einordnen können.

C Stundenverlauf

Phase 1: Die Hausaufgabe (vgl. Mat. 26) hat die Verknüpfung des Filmes mit den Themenschwerpunkten der letzten Stunden bereits geleistet. Beobachtungsaufträge sollen die Schüler zu einem genaueren Blick anhalten.

Phase 2: Auszüge aus dem Textbuch zum Film (Mat. 27) strukturieren die Nachbesprechung und geben die Möglichkeit der Arbeit am sprachlichen Detail und am Motiv des Engelsturzes.

Literaturhinweis:
Zum „Engelblick" der Kinder vgl. auch Karl Ernst Nipkow. Bildung als Lebensbegleitung und Erneuerung. Gütersloh (Mohn) 1990: „Was in der Kindheit aufleuchtet, ist wahre Erfahrung und bleibt wahr für das ganze weitere Leben. Nicht Preisgabe der Kindheit steht darum an, sondern ein Weitergehen mit einer neuen Anverwandlung des nur dem Kinde möglichen Glaubens." (S. 184)

Phase 3: Die motivgeschichtliche Einordnung des Filmes erhellt den Schülern den besonderen Akzent, den Wenders/Handke im Vergleich zu Rilke, Benjamin und Kafka gesetzt haben. Sie übernehmen die Vorstellung vom freiwilligen Engelsturz (Gen 6.1–4), werten ihn aber im Gegensatz zur biblischen Urgeschichte (Jahwist) positiv.

Hinweis:
Nicht jedes Detail moderner Engeldeutung und motivgeschichtlicher Umformung der letzten Stunden (12.–16. Stunde) sollte schon an dieser Stelle von der dogmatischen Gotteslehre und Angelologie abgegrenzt und mit den Deutungen der Kirchen ins kritische Gespräch gebracht werden. Die Erarbeitung der konfessionellen Schwerpunkte (17./18. Stunde) eröffnet den Schlußteil des Kursthemas.

Die **Hausaufgabe** vertieft den Gedankengang der letzten Stunden und bringt ihn zu einem Abschluß. Der Literaturwissenschaftler und Kulturphilosoph George Steiner (*1929 in Paris) entfaltet in seinem Buch „Von realer Gegenwart" (1989) seine These von der religiösen Dimension der Kunst. Der Text „Jeder Künstler kämpft mit dem Engel" (Mat. 28) stellt die zentralen Aussagen dieses poetologischen Bekenntnisses zusammen. Ob der Lehrer hier vertiefend weiterarbeitet, wird er nach eigenem Interesse und Lernbereitschaft des Kurses entscheiden.

Mat. G

Wim Wenders, Der Himmel über Berlin
(Eine kurze Zusammenfassung von Uwe Wolff)

Wenders Engel wirken im Alltag und in der Kunst. Zwei aus der Ordnung der himmlischen Heerscharen dokumentieren einen Grenzübertritt durch die Berliner Mauer, der schnell zum englischen Urbild der irdischen Ereignisse im November 1989 werden sollte. Daß Mauern weichen und die Himmel sich öffnen können, die Schöpfung sich wandelt und mit ihr der Mensch, davon kündet wie in biblischen Zeiten der Film. Wenders Engel lieben den musischen Menschen, deshalb halten sich die Engel Damiel und Cassiel gerne in der Bibliothek auf, dem Ort, wo mit Hilfe der Literatur Erfahrungen der Grenzüberschreitung gemacht werden können.

Zu Beginn zeigt der Film den Engel Damiel auf dem offenen Turm der Gedächtniskirche, dann in drei Totalen von oben gesehen eilende Fußgänger, einen jungen Mann, der mit seinem Kind in einem Tragesack auf dem Rücken spazierengeht und eine Frau auf dem Fahrrad mit ihrem Kind auf dem Rücksitz. Während die Erwachsenen stur geradeaus starren, blicken die kleinen Kinder alle zum Himmel hoch. Der Himmelsblick ist die natürliche Haltung des Kindes in der Erwachsenenwelt, denn jede Zuwendung und jede Strafe kommt ‚von oben'. Mit fortschreitendem Wachstum und mit dem Eintritt der Rationalität geht dieser natürliche Engelsblick verloren. In einer nachkritischen Naivität (Benjamin, Jünger) muß er später neu erworben werden. Wie dies möglich ist, zeigt die Menschwerdung des Engel Damiel. Die El-Endung seines Namens weist ihn als Teil des göttlichen Wesensgeheimnisses aus. El ist der Name eines alten kanaanäischen Hochgottes, der auf den Gott Israels übertragen wurde. Er ist in den Erzengelnamen Michael, Gabriel, Raphael und Uriel gleichfalls enthalten und soll zeigen, daß der Engel kein selbständiges Wesen ist, sondern ein Ausdruck der vielfältigen Zuwendung Gottes zur Welt. Im Engel begegnet dem Menschen kein anderer als Gott selbst.

Mit den Engeln Damiel und Cassiel hat Wenders zwei Möglichkeiten der Betrachtung der Welt und des Menschen gestaltet. Cassiel verkörpert die strikte Trennung von Transzendenz und Immanenz:

„Allein bleiben! Geschehen lassen! Ernst bleiben!
Wild können wir nur in dem Maße sein, wie wir unbedingt ernst bleiben. Nichts weiter tun als anschauen, sammeln, bezeugen, beglaubigen, wahren! Geist bleiben! Im Abstand bleiben! Im Wort bleiben!"

Damiel dagegen steht für eine immanente Transzendenz, eine Mystik des Alltäglichen, die leidvolle Erfahrungen nicht ausschließt, weil sie das ganze Leben als Wunder und Erscheinungsform des Göttlichen akzeptiert:

„Es ist herrlich, nur geistig zu leben und Tag für Tag für die Ewigkeit von den Leuten rein, was geistig ist, zu bezeugen – aber manchmal wird mir meine ewige Geistesexistenz zuviel. Ich möchte dann nicht mehr so ewig drüberschweben, ich möchte ein Gewicht an mir spüren, das die Grenzenlosigkeit an mir aufhebt und mich erdfest macht."

Als Engel unsterblich, aber auch ohne Geschichte, wird Damiel Mensch und erfährt in der Liebe zu der Akrobatin Marion „was kein Engel weiß" – eine durch die Erfahrung der Geschichtlichkeit bereicherte Ewigkeit. Erst in der Endlichkeit und ihrer Begrenztheit ist das Staunen über die Unendlichkeit möglich.
„Endlich ahnen, statt immer alles zu wissen. ‚Ach' und ‚Oh' und ‚Ah' und ‚Weh' sagen können, statt ‚Ja' und ‚Amen'! (...) ‚Jetzt' und ‚Jetzt' sagen können und nicht wie immer ‚seit je' und ‚in Ewigkeit'. (...) Fieber haben, schwarze Finger vom Zeitunglesen, sich nicht immer nur am Geist begeistern, sondern endlich an einer Mahlzeit, einer Nackenlinie, einem Ohr. Lügen! Wie gedruckt! Beim Gehen das Knochengerüst an sich mitgehen spüren. (...) Mir selber eine Geschichte erstreiten. Was ich weiß von meinem zeitlosen Herabschauen verwandeln ins Aushalten eines jähen Anblicks, eines kurzen Aufschreis, eines stechenden Geruchs. Ich bin schließlich lang genug draußen gewesen, lang genug abwesend, lang genug aus der Welt! Hinein in die Weltgeschichte! (...) Weg mit der Welt hinter der Welt!"
Daß die Welt wunderbar im Ganzen ist, konnte Damiel als Engel nicht wissen, weil er selbst naiv ein Teil des Wunders der Schöpfung war. In Wim Wenders neuem Inkarnationsmythos wird der menschlichen Geschichte auch mit ihren defizitären Erfahrungen ein transzendenter Sinn zugesprochen. Geheiligt durch den Eintritt des Ewigen wird die Endlichkeit zum Erfahrungsraum einer neuen Unsterblichkeit: der Verewigung des Augenblicks in der Kunst. „Das Bild, das wir gezeugt haben, wird das Begleitbild meines Sterbens sein. Ich werde darin gelebt haben." Blickt zu Beginn des Films der Engel von der Gedächtniskirche auf Berlin herab, so sitzt er in der Schlußeinstellung auf Stufen und schaut hoch zu seiner Geliebten, der Akrobatin Marion, die eingehängt mit einem Fuß in ein an der Decke befestigtes Seil durch den Raum schwebt: Die Engel kommen herab, die Kunst hebt den Menschen über die Erdenschwere in die Höhe. Zur Exposition des Filmes gehört der Mythos eines zweiten Engelsturzes. Gott will sich enttäuscht von den Menschen abwenden und die Erde ihrem Schicksal überlassen. Als einige Engel protestieren und ein Plädoyer für die Sache des Menschen halten, werden sie auf die Erde verbannt. Ende des zweiten Weltkrieges ist ihr terrestrisches Exil, Berlin, der „furchtbarste Ort der Welt", auch deshalb, weil dort in den Bunkern einer der dunkelsten Engel haust. Wie in Tolstojs Erzählung „Was der Mensch braucht" wird hier das vielfach belegte Motiv des für seine Solidarität mit dem Menschen bestraften Engels aufgenommen. Vordergründig betrachtet, scheint es das Theodizeeproblem zu verschärfen: Was ist das für ein Gott, der den Anblick der Welt nicht mehr aushält und zudem jedes Mitleid mit den leidenden Menschen durch Verbannung aus den himmlischen Chören bestraft? Doch wer genau hinsieht, entdeckt, daß die Geschichte von den bestraften Engeln das Theodizeeproblem lösen will. Denn wer sich wie der Engel Damiel in Liebe auf die Welt einläßt, der erfährt nicht nur, „was kein Engel weiß", sondern er erlebt, wie die Schöpfung den Schöpfer rechtfertigt. Wie im Josephroman von Thomas Mann verschmelzen Wenders und Handke Göttliches und Menschliches zu einer immanenten Transzendenz, die epiphantisch aufleuchtet und sich im Symbol des Engels verdichtet. Stärker noch leuchten auch hier Rilkes „Duineser Elegien" durch die Bilderwelt des Films.

> „Sprich und bekenn", fordert die IX. Elegie, „so, wie selber die Dinge niemals innig meinten zu sein". Durch die Anwesenheit des Menschen erfährt die geschaffene Welt eine Steigerung ihres Seins. Schon der Jahwist läßt Gott neugierig sein, wie der Mensch dem Geschaffenen einen Namen gäbe. (Gen 2.19) Die Benennung der Erde ist Preisung und Rettung der Vergänglichkeit.

17./18. Stunde:
Der Engel Michael aus evangelischer und katholischer Sicht

A Methodisch-didaktische Vorbemerkungen

In dieser Doppelstunde lernen die Schüler elementare Sprachformen der Bibel und der legendarischen Tradition und deren Auswirkung auf das evangelische bzw. katholische Bild vom Engel Michael kennen. So wird ihnen durch den Vergleich von Apk 12.7–12, der jüdischen Legende „Leben Adams und Evas" und der katholischen Fassung der Michaelslegende, wie sie Jacobus de Voragine (1230–1298) in seiner „Legenda aurea" (Die Goldene Legende) erstmalig zusammengestellt hat, die Entstehung eines für beide Konfessionen zentralen Engelbildes exemplarisch deutlich. Der Vergleich von Legende und Katechismus stellt die konfessionellen Besonderheiten heraus, ohne eine Wertung vorzunehmen. Im Sinne eines ökumenischen Lernens ist mit der Konzeption dieser Stunde cognitives und affektives Verstehen beider konfessionellen Standpunkte anvisiert. Dazu gehört der Blick auf den Sitz im Leben der jeweiligen Rede vom Engel Michael. Dem dient Melanchthons „Herr Gott, dich loben alle …" (EKG 115), das die evangelische Gemeinde am Michaelistag singt und in dem die evangelisch-lutherische Sicht der Engel besonders deutlich wird, und die Patronatskarte für den Namen „Michael", die anschaulich den katholischen Akzent der Anrufung und Fürbitte des Engels gestaltet. Die fakultative Hausaufgabe nimmt den Erfahrungsaspekt auf, wenn sie den Schülern die – durchweg als Motivation empfundene – Möglichkeit gibt, unter Verwendung des in der Stunde erworbenen Sachwissens eine Patronatskarte für evangelische Schüler zu entwerfen oder einen Kindergottesdienst zum Thema „Der Engel Michael" zu gestalten. Der Lehrer hat auch die Möglichkeit, beide Formen des Transfers des Engelbildes in die Praxis des gelebten Glaubens in einer zusätzlichen Doppelstunde mit den Schülern gemeinsam zu gestalten. Sollte an der Schule eine Gottesdienst- oder Andachttradition bestehen, böte sich hier ein Raum für die Umsetzung der Planung. Der Lehrer hat auch die Möglichkeit in der folgenden Stunde zusätzlich Bilder von Michaels Kampf mit dem Satan zu präsentieren.

Das Material findet sich bei Nigg/Gröning. (S. 106, 110, 124–129)

B Ziele der Stunde

Am Ende der Stunde soll der Schüler
– die Entstehung einer zentralen Engelgestalt aus den biblischen und legendarischen Quellen aufzeigen können,
– wesentliche Gemeinsamkeiten und Un-

terschiede der konfessionellen Ausprägung der Gestalt des Engels Michael kennen,
- eine konkrete Vorstellung über den Sitz im Leben der evangelischen und katholischen Engellehre haben.

C Stundenverlauf

Phase 1: Der Einstieg erfolgt über die bereits bekannte FAZ-Notiz (Mat. 2) aus der ersten Stunde. Aus ihr gewinnt der Schüler eine erste Problematisierung der konfessionellen Standpunkte.
Zugleich gibt die FAZ-Notiz (21. 10. 82) „Engel als Anhalter undenkbar" mit dem Kriterium der Liebe eine Unterscheidungsmöglichkeit zwischen echter Engelerfahrung und journalistischer Effekthascherei, die lediglich ein Sensationsbedürfnis der Leserschaft befriedigt.

Phase 2: Die exemplarische Erarbeitung der konfessionellen Standpunkte kann arbeitsteilig von den Schülern geleistet werden. Mit dem Auszug aus der katholischen Fassung der „Legenda aurea" (Mat. 29) und dem Evangelischen Erwachsenenkatechismus (Mat. 30) lernt der Schüler zugleich *zwei Sprachformen* religiöser Unterweisung kennen, die von den Konfessionen unterschiedlich geprägt wurden. (Nähere Informationen vgl. Mat. H). Auch wenn es inzwischen katholische Katechismen gibt, gehört doch die Legende zur traditionell bevorzugten und bis zur Liturgiereform des II. Vaticanums in der Messe beheimateten Form katholischer Rede von Michael, der – wie die Schüler der Titulierung „Heiliger Michael" bei Matthias Vogel entnehmen können – selbst Teil des Jahres der Heiligen ist und daher Namenspatron sein kann. (vgl. dazu: Phase 4)

Literaturhinweis:
Jutta Ströter-Bender. Heilige. Begleiter in göttliche Welten. Reihe „Symbole". Stuttgart Kreuz Verlag 1990.

Mat. H

Katechismus

- Katechismus (grch. katechesis „Unterricht"): kurzes Lehrbuch in Frage und Antwort für den Religionsunterricht
- Luthers Kleiner und Großer Katechismus
- „Der Katechismus ist eine Anleitung zur Besinnung für den im Alltag der Gegenwart stehenden Menschen auf die großen Themen und Perspektiven der christlichen Überlieferung. (...) Er nimmt ein Stück Verantwortung der Kirche wahr, dem einzelnen Christen zur Orientierung in der oft verwirrenden Vielstimmigkeit gegenwärtiger Diskussion und damit zur Bildung eines eigenen Urteils zu verhelfen." (Wolfhart Pannenberg über den Ev. Erwachsenenkatechismus)
- „Dies Buch ist von Pastoren in Zusammenarbeit mit Fachleuten aus Theologie, Pädagogik, Naturwissenschaft und Psychologie geschrieben worden." (Hans Otto Wölber im Geleitwort)

aus: Evangelischer Erwachsenenkatechismus, Kursbuch des Glaubens. 1977[3]

Legende

(Lateinisch legenda: das zu Lesende) Die Literaturgattung der Legende ist unmittelbar mit dem Kult der christlichen Religion verknüpft. Ursprünglich als erbauliche und belehrende Lektüre bei bestimmten kirchlichen Anlässen vorgetragen, berichtet sie vom Leben der Heiligen und Märtyrer. Insbesondere geht es darin um beispielhafte Handlungen, religiöse Erscheinungen oder Erleuchtungen, die häufig mit Wundern einhergehen. Man hat die Legende auch als kirchliche Sage bezeichnet. Diese Lebensbeschreibungen sind also nicht von historischer Genauigkeit, sondern der didaktischen Absicht geprägt, von gottgefälligen Handlungen zu berichten, die als Vorbild für eine christliche Lebensführung dienen sollen. Der Begriff Legende wird heute aber auch allgemein für sagenhafte oder unglaubwürdige Geschichten benutzt.

Im gesamten Mittelalter waren Legenden sehr beliebt und volkstümlich. In Verbindung mit dem Marienkult entstand eine unübersehbare Anzahl von Legenden, die das Leben und Wirken, aber auch die leibhaftigen Erscheinungen der Jungfrau Maria zum Gegenstand hatten. Auch die Taten der Heiligen und die Leiden der Märtyrer waren in zahllosen Legenden im Volke verbreitet. Schon früh wurden Legendensammlungen angelegt wie die um 600 entstandenen „Dialogi de vita et miraculis patrum italicorum" („Dialoge über Leben und Wunder der italienischen Väter") von Papst Gregor I. Zu den bekanntesten und umfangreichsten gehören die „Legenda aurea" („Goldene Legende", auch „Heiligenlegende") des Jacobus de Voragine und später die unvollendete, bisher in über 70 Bänden vorliegende Sammlung „Acta sanctorum" („Taten der Heiligen"), die vom belgischen Jesuiten Jean Bolland begonnen wurde und bis heute rund 25 000 Legenden umfaßt.

Neben den volkstümlichen entstanden im Mittelalter auch dichterisch ausgeformte Legenden, wie z. B. Hartmanns von Aue Verslegende „Gregorius" (um 1187/89), die Thomas Mann zur Vorlage für seinen Roman „Der Erwählte" (1951) diente. Auch im höfischen Epos finden sich legendenhafte Erzählungen, wie in Hartmanns von Aue „Der arme Heinrich" (um 1195) und in Wolframs von Eschenbach „Parzival" (um 1200/10 und „Willehalm" (um 1200).

Im Zeitalter der Reformation (Humanismus und Reformation) verliert die Legende an Bedeutung (Martin Luther bezeichnet sie als „Lügenden"), lebt aber in der Unterhaltungsliteratur weiter. Unter dem Einfluß der Gegenreformation kommt ihr wieder eine wichtige Funktion zur Verkündung des katholischen Glaubens zu. Als Legendenspiel im Jesuitendrama erfüllt sie im Barock die Aufgabe, das Volk zu erreichen und im Sinne der katholischen Kirche zu erbauen.

Die Aufklärung richtete ihr Augenmerk auf die Wahrscheinlichkeit der Kunst, so daß die Legende, wo nicht mit Spott bedacht (z. B. in Christoph Martin Wielands Versepos „Clelia und Sinibald"; 1784) als religiöse Wundererzählung kritisiert wurde. Die romantischen Dichter (Romantik) wandten sich im Zuge der Entdeckung und Sammlung von Volkspoesie auch der Legende wieder verstärkt zu und machten diese Gattung für ihr eigenes Schaffen fruchtbar (z. B. Ludwig Tieck „Leben und Tod der heiligen Genoveva" 1800).

> Auch im 19. und 20. Jahrhundert wurde die Legende als Gattung dichterisch von Zeit zu Zeit wieder aufgegriffen. Die bekanntesten Beispiele sind im 19. Jahrhundert: Heinrich Heines Ballade „Die Wallfahrt nach Kevlaar" (1822), Gottfried Kellers „Sieben Legenden" (1872) und Conrad Ferdinand Meyers Novelle „Der Heilige" (1879). Die Legende wird hier wie auch im 20. Jahrhundert von unterschiedlichen weltanschaulichen Positionen aus zur Darstellung existentieller Situationen des Menschen benutzt.
>
> aus: Heiner Boehncke (Hrsg.), Jugendlexikon Literatur, Rowohlt Taschenbuch Verlag GmbH, Reinbek, S. 213f.

Phase 3: In dieser Phase soll der Schüler die biblischen (Apk 12.7–12) und außerbiblischen („Leben Adams und Evas") Quellen des Michaelbildes kennenlernen, um so exemplarisch die Genese angelogischer Vorstellungen zu erfassen. Dies ermöglicht ihm ein kritisches Verstehen des Zuwachses an Bedeutung, den biblischen Andeutungen – wie die vom Kampf zwischen Michael und dem Drachen – durch die Tradition erfahren. Zusätzlich könnten Bilder aus der christlichen Ikonographie zum Drachenkampf diese Mischung der Traditionsstränge verdeutlichen helfen. (vgl. Nigg/Gröning) Dieser Bedeutungszuwachs durch Bilder und Legenden bestimmt auch heute noch angelogische Vorstellungen der Schüler. Ein reines „solo scriptura" hat es selbst im Protestantismus nie gegeben. Das ist ein Grund, weshalb ein neues Interesse an „katholischen" Themen und an der apokryphen Tradition auch im Protestantismus zu beobachten ist.

Literaturhinweis:
Alfred Pfabigan (Hrsg.) Die andere Bibel mit Altem und Neuem Testament. Eichborn Verlag. Frankfurt a.M. 1990. (= Die Andere Bibliothek, hrsg. von H. M. Enzenberger). Darin: Das Leben Adams und Evas S. 18–27.

Phase 4: Die während des gesamten Kursverlaufes Lehrer wie Schüler begleitende affektive Dimension kommt in dieser Phase deutlich zum Ausdruck. Die katholische Tradition des Namenstages (vgl. Ströter-Bender, S. 25–27) und das evangelische Kirchenlied verdeutlichen den Sitz im Leben des Michaelbildes. Vielfältige Möglichkeiten der Vertiefung bieten sich hier an. Der Lehrer wird nach Interessenlage und ihm zur Verfügung stehender Zeit eine Kirche besuchen (vielleicht liegt am Ort eine der zahlreichen Michaelskirchen), katholische Gebete zum Erzengel Michael lesen (vgl. dazu: Johann Siegen. Der Erzengel Michael. Christina Verlag. Stein am Rhein. 1990. S. 99ff. Darunter befindet sich ein „Exorzismus gegen den Satan", S. 109) oder die „Litanei zu den Schutzengeln" (Mat. I). Möglichkeiten der Fortsetzung bietet auch die **fakultative Hausaufgabe.**

Literaturhinweis:
Das Evangelische Kirchengesangbuch und das katholische Gotteslob thematisieren die Engel in zahlreichen Liedern (Vgl. dazu Adler, S. 105–117).

Mat. I

Litanei zu den Schutzengeln

Herr, erbarme dich unser.
Christus, erbarme dich unser.
Herr, erbarme dich unser.

Christus, höre uns.
Christus, erhöre uns.

Gott Vater im Himmel, erbarme dich unser.
Gott Sohn, Erlöser der Welt, erbarme dich unser.
Gott heiliger Geist, erbarme dich unser.
Heilige Dreifaltigkeit, ein einiger Gott, erbarme dich unser.

Heilige Maria, bitte für uns.
Heilige Gottesgebärerin, bitte für uns.
Königin der Engel, bitte für uns.
Heiliger Michael, bitte für uns.
Heiliger Gabriel, bitte für uns.
Heiliger Raphael, bitte für uns.
Alle heiligen Engel und Erzengel, bittet für uns.
Ihr heiligen Schutzengel, bittet für uns.
Ihr heiligen Schutzengel, die ihr immerdar das Angesicht des himmlischen Vaters schaut, bittet für uns.
Ihr heiligen Schutzengel, die ihr niemals von unserer Seite weicht, bittet für uns.
Ihr heiligen Schutzengel, die ihr uns in himmlischer Freundschaft zugetan seid, bittet für uns.
Ihr heiligen Schutzengel, unsere getreuen Ermahner, bittet für uns.
Ihr heiligen Schutzengel, unsere weisen Berater, bittet für uns.
Ihr heiligen Schutzengel, die ihr uns vor vielen Übeln des Leibes und der Seele bewahrt, bittet für uns.
Ihr heiligen Schutzengel, unsere mächtigen Verteidiger gegen die Anschläge des bösen Feindes, bittet für uns.
Ihr heiligen Schutzengel, unsere Stütze zur Zeit der Versuchungen, bittet für uns.
Ihr heiligen Schutzengel, die ihr uns helft, wenn wir straucheln und fallen, bittet für uns.
Ihr heiligen Schutzengel, die ihr uns in Not und Leiden tröstet, bittet für uns.
Ihr heiligen Schutzengel, die ihr unsere Gebete vor den Thron Gottes tragt und unterstützt, bittet für uns.
Ihr heiligen Schutzengel, die ihr uns durch eure Erleuchtungen und Anregungen zum Fortschritt im Guten helft, bittet für uns.
Ihr heiligen Schutzengel, die ihr trotz unserer Fehler nicht von uns weicht, bittet für uns.

Ihr heiligen Schutzengel, die ihr euch über unsere Besserung freut, bittet für uns.
Ihr heiligen Schutzengel, die ihr zur Zeit, da wir ruhen, bei uns wacht und betet, bittet für uns.
Ihr heiligen Schutzengel, die ihr uns im Todeskampfe nicht verlaßt, bittet für uns.
Ihr heiligen Schutzengel, die ihr die Seelen im Fegefeuer tröstet, bittet für uns.
Ihr heiligen Schutzengel, die ihr die Gerechten in den Himmel führt, bittet für uns.
Ihr heiligen Schutzengel, mit denen wir einst Gott schauen und ewig preisen werden, bittet für uns.
Ihr erhabenen Fürsten des Himmels, bittet für uns.
O du Lamm Gottes, das du hinwegnimmst die Sünden der Welt, verschone uns, o Herr!
O du Lamm Gottes, das du hinwegnimmst die Sünden der Welt, erhöre uns, o Herr!
O du Lamm Gottes, das du hinwegnimmst die Sünden der Welt, erbarme dich unser, o Herr!

Herr, erbarme dich unser.
Christus, erbarme dich unser.
Herr, erbarme dich unser.
   Vater unser ...

Lobet den Herrn, all seine Engel,
Die ihr mächtig an Kraft seinen Willen vollzieht.
Er hat seinen Engeln deinetwegen befohlen,
Daß sie dich bewahren auf allen deinen Wegen.
Im Angesicht der Engel will ich dich preisen, mein Gott.
Ich will dich anbeten und deinen heiligen Namen loben.
Herr, erhöre mein Gebet.
Und laß mein Rufen zu dir dringen.

Lasset uns beten!

Allmächtiger, ewiger Gott, der du in deiner unaussprechlichen Güte allen Menschen vom Mutterschoße an zum Schutz des Leibes und der Seele einen besonderen Engel beigesellt hast, verleihe mir gnädig, meinem heiligen Engel so treu zu folgen und ihn so zu lieben, daß ich durch deine Gnade und unter seinem Schutz einst zum himmlischen Vaterland gelangen und dort mit ihm und allen heiligen Engeln dein göttliches Angesicht zu schauen verdiene. Durch Christus, unsern Herrn. Amen.

aus: Georges Huber. Mein Engel wird vor dir herziehen. Christiana Verlag. Stein am Rhein. 1985[4]. S. 217f.

19. Stunde:
Die himmlischen Hierarchien des Dionysius von Areopagita

A Methodisch-didaktische Vorbemerkungen

Das Kriterium der Exemplarizität ist besonders hilfreich, wenn wir die Schüler mit kirchengeschichtlichen und dogmengeschichtlichen Aspekten der Engellehre vertraut machen wollen. Ausgeklammert werden hier die gelehrten Spekulationen der Kirchenväter über das Wesen der Engel, ihre Gestalt, ihre Erkenntnisfähigkeit und ihren freien Willen.

In dieser Stunde sollen unsere Schüler die wichtigste, weil folgenreichste Systematisierung der biblischen Rede von den Engeln kennenlernen, die Dionysius von Areopagita um 490 n. Chr. vorgenommen hat. Dionysius nannte sich nach dem in Apg 17.34 erwähnten Paulusschüler. Seine Lehre von den neun Engelchören hat die sakrale Architektur der Romanik (Michaeliskirche zu Hildesheim) und der Gotik ebenso beeinflußt wie die Dichtung (Dante, Rilke), Vision (Hildegard von Bingen), Theosophie (Swedenborg), Anthroposophie (Steiner) und die christliche Eschatologie. Selbst der reformierte Theologe Karl Barth (1886-1968) lobte die hermeneutische Leistung des Dionysius: »Es tönt merkwürdig, aber es ist so: man hat von seiner ‚himmlischen Hierarchie' her nun doch entschieden leichteren Zugang zum biblischen Zeugnis von den Engeln als von dem her, was von den älteren Vätern und was nachher von Thomas v. Aquino zu dieser Sache beigebracht worden ist." (Kirchliche Dogmatik III, 3. S. 492) Der methodische Gang von den biblischen Zeugnissen, über Hieronymus' Jesajakommentar (Mat. 34) zu Dionysius (Mat. 35) eröffnet unseren Schülern diesen Zugang.

Dionysius von Areopagitas Systematisierung der neun Engelchöre hat folgende Anordnung:
Serafim (Jes. 6.1-7)
Cherubim (Gen 3.23-24; PS 18.1; 99.1; Ez 10.1-22)
Throne (Räder) (Ez 1.15-21; 10.1-22)
Mächte (Kol 1.16; Eph 1.21; Rm 8.38)
Herrschaften (Kol 1.16; Eph 1.21)
Gewalten (Kol 1.16; Eph 1.21; Rm 8.38)
Fürstentümer (Reiche) (Eph 1.21)
Erzengel (Michael, Gabriel, Raphael)
Engel

B Ziele der Stunde

Die Schüler sollen in dieser Stunde
– die Entwicklung der biblischen Engelvorstellungen in der frühen Kirche kennenlernen,
– die Systematisierung des Dionysius von Areopagita in einem Strukturbild darstellen und auf die biblische Grundlage beziehen können,
– im Vergleich der Argumentationen von Hieronymus und Dionysius die jeweilige Begründung ihres angelologischen Wissens erarbeiten.

C Stundenverlauf

Phase 1: Da die Schüler die Entwicklung der Lehre von den neun Engelchören verfolgen sollen, wird die Stunde von der Lektüre zentraler biblischer Grundlagen (Kol 1.16; Eph 1.21; Rm 8.38; Ez 10.1-2) ausgehen und dabei das Vorwissen der Schüler transparent machen.
Rilkes 1. Duineser Elegie (vgl. 13./14. Stunde) verwies auf die himmlischen Hierarchien („Wer, wenn ich schriee, hörte mich denn aus der Engel Ordnun-

gen?"), die Serafim und Cherubim (Kerubim) sind den Schülern aus der 12. Stunde bekannt.

Phase 2: Der Vergleich zweier angelologischer Traktate (Mat. 34/35) zeigt, daß beide Autoren die Rede von den Engelchören dem Bereich der Glaubensaussagen und nicht der Philosophie zuordnen. Dionysius wagt detailliertere Beschreibungen, weil er sich im Gegensatz zu Hieronymus auf eine zusätzliche Offenbarung berufen kann, die das biblische Wissen ergänzt.

Phase 3: Die Ergebnissicherung erfolgt über eine Strukturierung der Aussagen des Dionysius und eine Zuordnung der entsprechenden Bibelstellen. Sie kann auf der Ebene der drei Triaden erfolgen. Dazu steht als Kopiervorlage die leicht veränderte Rosette (Arbeitsblatt 3) zur Verfügung. Der Lehrer wird entscheiden, ob er sie verwendet oder seine Schüler zur freien Gestaltung der neun Chöre ermuntert. In Kursen, die gerne kreativ arbeiten, bietet sich eine Illustration von Jesaja 6.1–6 (Gestalt der Seraphim), Hesekiel/Ezechiel 10.1–22 (Cherubim und Throne) an. Anregungen geben die Zeichnungen von Jutta Ströter-Bender, die hier wiedergegeben sind:

Mat. J

Engel

Seraph. Nach einer Darstellung im Gewölbezwickel der Hagia Sophia, Konstantinopel, 10. Jh.

Cherub, nach einem Mosaik aus der Kathedrale von Monreale, 12. Jh.

Throne. Nach einem Grablegungstuch aus dem 14. Jahrhundert, byzantinisch

(© Dr. Jutta Ströter-Bender. Wiesbaden)

20./21. Stunde: Der Engel des Menschen bei Romano Guardini

A Methodisch-didaktische Vorbemerkungen

Das eindeutige Zeugnis der Bibel ist eine Herausforderung für alle, die dem Engel nur noch eine religionsgeschichtliche oder ästhetische Funktion zusprechen können: Gott hat für jeden Menschen einen Engel geschaffen (PS 91.11–13; Mth 18.1–10), der mit stereoskopischem Blick den gefallenen Menschen und das reine Ebenbild Gottes zugleich sieht. Die Rede von dem Engel des Menschen (Schutzengel) ist also eng verknüpft mit den zentralen Fragen der Anthropologie nach der Identität, Selbstfindung und -verfehlung, nach Freundschaft und Wahrhaftigkeit.

Die Predigt zum Michaelisfest von Romano Guardini (1885–1968) möchte die Schüler zu dieser anschaulichen, verantwortungsvollen und biblisch begründeten Rede vom Engel des Menschen führen. Ihr Erfahrungs- und Wirklichkeitsbezug soll den eigenen Lebenslauf unserer Schüler erschließen helfen und die Frage nach einem gelungenen Leben vor Gott aufwerfen.

Wie bei Guardini schützt auch nach Luthers Vorstellung (Mat. 39) der Engel das Ebenbild Gottes und hat zusätzlich eine pädagogische Dimension bei der Entwicklung von Urvertrauen und Gewissensbildung (Kind) und als Vorbild im Dienen (Erwachsene).

Umrahmt wird die Doppelstunde von Hugo Simbergs (1873–1917) Ölbild „Der verwundete Engel" (Mat. 36). Das Bild wurde 1903 gemalt und hängt im Ateneumin Taidemuseuo, Helsinki (127 x 154 cm). Als großes Wandbild hat es der finnische Künstler noch einmal in der Johanneskirche in Tampere gemalt. Simbergs Engel ermöglicht höchst unterschiedliche Deutungen. Deshalb können ihn die beiden Knaben auch in das Leben der Schüler hineintragen. Ihre Antworten dienen der Versprachlichung des eigenen Glaubens. Woher kommt der Engel? Wohin wird er getragen? Ist er der letzte uns Spätgeborenen noch glaubwürdige Engel, oder ist er ein Symbol für die Verantwortung des Menschen im Umgang mit Gottes Schöpfung? Bedarf der Engel der Freundschaft und Hilfe des Menschen? Die Predigt von Guardini deutet diesen Gedanken an.

B Ziele der Stunde

Die Schüler sollen
- sich angeregt durch das Bild „Der verwundete Engel" (1903) mit dem Gedanken einer Partnerschaft von Engel und Mensch auseinandersetzen,
- erkennen, daß die biblische Rede vom Engel des Menschen (Schutzengel) mit der theologischen Frage nach dem Ebenbild Gottes und der anthropologischen Frage nach der Identität des Menschen verknüpft ist,
- sich angeregt durch Guardinis Predigt existentiell mit der Identitätsfrage auseinandersetzen,
- erkennen, daß die Rede vom Engel des Menschen mit zentralen ethischen Fragestellungen verbunden ist.

C Stundenverlauf

Phase 1: Das Bild (Mat. 36) von Simberg reizt zur Deutung, deshalb werden die Schüler in der Stille häuslicher Betrachtung gerne eine Geschichte geschrieben haben. Beim Vortragen der Hausaufgaben und der anschließenden Besprechung sollten die unterschiedlichen Deutungen allen Schülern bewußt gemacht, auf keinen Fall aber kritisch gegeneinander abgegrenzt werden. Das Unterrichtsgespräch wird auch das Ende jenes unbiblischen Schutzengelglaubens herausstellen, der dem Engel magische Allmacht über sämtliche Gefahren am Wegesrande zusprach.

Phase 2: Guardinis Michaelispredigt (Mat. 37) spricht dem Engel *drei* zentrale *Funktionen* zu (Freundschaft, Hilfe zur Selbstwerdung, Kritik des Menschen), die auf dem Hintergrund der *Sprach- und Erfahrungsebene* (Stimme des Gewissens, des Herzens, der Freunde, Folgen und Deutung des Tuns) und seiner Bestimmung des *Menschenbildes* (Zwiespalt, Identitätsdiffusion, Ebenbild Gottes) in einer Stillarbeit untersucht werden sollen, um eine Grundlage für die persönliche Auseinandersetzung mit dem eigenen Lebensweg zu bekommen.

Phase 3: Wie das Bild von Hugo Simberg, so setzt auch die Predigt von Guardini viele Fragen nach dem eigenen Glauben frei. Der Lehrer wird entscheiden, ob er ein direktes Unterrichtsgespräch über die Aussagen des Predigers wählt oder die indirekte Gesprächsmethode, bei der er seine Schüler auffordert, sich in die Rolle eines Gottesdienstbesuchers zu versetzen. Diese Phase schließt ab mit der Lektüre von zwei klassischen Texten: Psalm 91 formuliert exemplarisch Gottes Zuwendung zum Menschen durch die Engel, Mth 18.1–10 ist Predigttext für das Michaelisfest (29. 9.). Auch die „Erneuerte Agende" der Evangelisch-Lutherischen Kirche Deutschlands hält an diesem „Tag des Erzengels Michael und aller Engel" (Vorentwurf. Bielefeld 1990. S. 348f.) fest. Im „Gebet des Tages" heißt es: „Allmächtiger Gott, du nimmst in wunderbarer Weise Engel und Menschen in deinen Dienst, um dein Werk zu vollenden."

Der Lehrer wird entscheiden, ob er an dieser Stelle die *Möglichkeit für einen Exkurs über das alttestamentliche Buch Tobit* und den klassischen „Schutzengel" Raphael nutzt. Ein Schülerreferat bietet sich hier an, dem Gegenstand angemessen und innerhalb der Sequenz eine willkommene methodische Alternative wäre ein Vorlesen des Tobitbuches (ca. 45'). Möglich ist auch die Illustration ausgewählter Passagen oder die Betrachtung von Raphael und Tobit-Darstellungen in der Kunst. (Material bei Nigg/Gröning S. 78f.)

Phase 4: Die erneute stille Bildbetrachtung sollte Ausgang nehmen von Guardinis Aussagen über die Freiheit des Menschen, sich dem Anruf des Engels zu öffnen oder zu verschließen. Den letzten existentiellen Ernst dieser Entscheidung kann der im Text angesprochene Gerichtsgedanke verdeutlichen, der auch im Zentrum der nächsten Stunde stehen wird.

22. Stunde:
Engel als Seelenführer und Seelenwäger (Eschatologie)

A Methodisch-didaktische Vorbemerkungen

Besonders am Anfang und Ende des menschlichen Lebens treten nach biblisch-kirchlicher Lehre die Engel auf. Die gesamte christliche Kunst des Abendlandes bezeugt ihre Präsenz im Sterben, bei der Auferstehung und beim Jüngsten Gericht. In dieser Stunde sollen die Schüler mit zwei zentralen eschatologischen Funktionen der Engel konfrontiert werden: Als *Seelenführer* tragen die Engel die Seele des Verstorbenen (Mat. 38) zu Christus. Sie heben sie aus dem Tode, wie das Kind aus der Taufe. Platonische Tradition ist hier mit Biblischem verschmolzen. Die überaus zahlreichen Bilder (vgl. Nigg/Gröning S. 140ff.), auf denen nackte Seelen von Engeln zum Himmel getragen werden, entfalten ein Detail der Geschichte vom reichen Mann und armen Lazarus (Lk 16.19–31): „Es begab sich aber, daß der Arme starb, und er wurde von den Engeln getragen in Abrahams Schoß." (Lk 16.22) In diesem biblischen Kontext befindet sich auch die Hölle, die einen kompromißlosen Ernst in die zweite eschatologische Funktion der Engel bringt. Als *Seelenwäger* (Mat. 41) entscheidet Michael mit leidenschaftslosem Blick, ob die Seele zu den Geretteten oder Verdammten gehört.

Auch hier wird Biblisches (Mth 25.31–46) aufgegriffen. Der über der Seelenwaage des Erzengels Michael thronende Christus trägt die Wundmale, Engel halten die Marterwerkzeuge der Passion. Christus weiß aufgrund seiner Menschwerdung, was Leiden bedeutet. Das garantiert die Gerechtigkeit der Entscheidung. Nichts Unmögliches wird dem Menschen abverlangt.

Die *seelsorgerliche Funktion* der eschatologischen Rede vom Beistand der Engel steht bei Luther (Mat. 39) im Vordergrund. Elisabeth Kübler-Ross (Mat. 40) glaubt aufgrund ihrer Erfahrungen im Umgang mit Sterbenden, die christliche Rede vom Engel als Seelenführer als empirische Tatsache ausweisen zu können. Ihre Ausführungen zeigen den Schülern einen modernen Sitz im Leben und fordern sie zum Vergleich mit christlich-eschatologischen Vorstellungen heraus.

B Ziele der Stunde

Die Schüler sollen in dieser Stunde
- zwei zentrale eschatologische Aussagen der christlichen Tradition kennenlernen,
- die seelsorgerliche Funktion von Luthers Predigt über die Engel als Seelenführer erkennen und bewerten können,
- die biblischen Grundlagen für die Rede von den Engeln als Seelenführer und -wäger kennenlernen und ihre Erweiterungen kritisch verfolgen können,
- sich mit dem Gedanken des Gerichtes kritisch auseinandersetzen,
- mit den Sterbeerfahrungen von Kübler-Ross einen aktuellen Sitz im Leben der eschatologischen Vorstellung vom Seelenführer kennenlernen und von Luthers Predigt abgrenzen können.

C Stundenverlauf

Phase 1: Nach Besprechung der Hausaufgabe werden die Schüler mit der ersten eschatologischen Funktion des Engels als Seelenführer durch die Präsentation eines Bildes (Mat. 38) konfrontiert. Es zeigt den Erzengel Michael, der in einem Tuch die Seelen (dargestellt als kleine nackte Menschen) vor den Weltenrichter Christus bringt. Die biblische Grundlegung sollte schon hier erfolgen. Dazu erinnert der Lehrer an die biblischen Texte der 7./8. Stunde, wo Mth 25.31–46 gelesen wurde. Die Geschichte vom reichen Mann und armen Lazarus (Lk 16.19–31) dürfte den Schülern bekannt sein. Sie sollte noch einmal während der Bildbetrachtung vorgelesen werden, da sie als Interpretationshilfe hier funktional eingesetzt werden kann.

Die Psaltermalerei stammt aus der Mitte des 12. Jahrhunderts und wurde für ein Nonnenkloster in Shaftesbury (England) geschaffen.

Phase 2: Die Predigt von Luther (Mat. 39) und der Bericht von Kübler-Ross (Mat. 40) nehmen das Psaltermotiv auf. Die Schüler werden dies leicht erkennen und die Texte ohne weitere Hilfen erarbeiten können. Falls ihnen die Arbeiten von Elisabeth Kübler-Ross nicht bekannt sein sollten, weist der Lehrer auf die Auswertung der Berichte von Sterbeerlebnissen hin, auf die der Text Bezug nimmt.
Luthers Predigt wurde am Nachmittag des 29. 9. 1531 (Michaelistag) gehalten. Sie gehört zu einem Dreierzyklus. Auswertung und Vergleich der arbeitsteiligen Textanalyse (Mat. 39) sollte hervorheben, daß Luther die seelsorgerliche Funktion der Engelrede allein dem Glauben erfahrbar weiß, während Kübler-Ross „als Wissenschaftlerin" von beweisbaren „Tatsachen" spricht.

Phase 3: Das Jüngste Gericht (Mat. 41) von Hans Memling (1430/40–1494) wird hier ausschnittweise wiedergegeben. Ausgelassen ist der auf dem Regenbogen thronende Weltenrichter Christus. Im Zentrum steht Michael in wehrhafter Rüstung. Er hält die Seelenwaage. Sein Blick ist leidenschaftslos. Er handelt also nicht im Affekt. Mit dem Kampf der Engel und Teufel um die Auferstandenen wird ein Motiv aus der Predigt von Luther fortgesetzt. Die Schüler werden dies erkennen und auch einen Bezug zu der Predigt von Guardini herstellen können.

Die **Hausaufgabe** „Was ich mal werden möcht, ist ein Engel" (Mat. 42) leitet über zur letzten Doppelstunde unserer Kurssequenz. Zahlreiche *Möglichkeiten zur Weiterarbeit* bieten sich auch hier an. Das Motiv des eschatologischen Kampfes hat *Bach* in seiner 19. Kantate eindrucksvoll gestaltet. Die *jüdische Sage* erzählt mehrfach vom Todesengel (Born Judas. Frankfurt a. M. 1981. S. 84–88; 100–102). Der *jiddische Erzähler* Isaac Leib Perez gestaltete das Motiv von der Seelenwaage im Himmel (Seelenwanderung einer Melodie. München 1988. S. 17–27; 39–52).

23./24. Stunde:
Gott loben – wie die Engel

A Methodisch-didaktische Vorbemerkungen

Der Wunsch der kleinen Anna (Mat. 42), zu werden wie die Engel, zielt ausdrücklich nicht nur auf eine ferne Zukunft, sondern auch auf die Gegenwart. „Wenn Du mir zeigst, was man als Engel alles können muß, dann würd ich bestimmt üben. Ganz sicher." Der Engel ist hier ein eschatologisches Ideal mit ethischen Konsequenzen für das Leben in der Gegenwart. Die Möglichkeit, schon hier ein Leben wie die Engel zu führen (vita angelica/bios angelikos), hat Theologen, Mönche und geistliche Dichter bewegt. In ihr wird das Ende, an dem Gott alles in allem ist, schon jetzt reale Gegenwart.

Jesu Wort, daß die Auferstandenen leben werden „wie die Engel im Himmel" (Mth 22.30), und die Gleichnisse vom verlorenen Schaf, dem verlorenen Groschen und vom verlorenen Sohn (Lk 15.1–32) bilden den Hintergrund für die Vorstellung von einem 10. Engelchor, der am Ende der Zeiten mit den erlösten Sündern besetzt werden soll. Der verlorene Groschen, das verlorene Schaf, der verlorene Sohn ist die Menschheit, die einst wieder unter den neun himmlischen Chören der Engel weilen und Gott lobpreisen wird. In den Psalmen (PS 103; 148), der Liturgie, im Gesangbuch (EKG 128; 489) wird auf diese Lobesgemeinschaft von Engel und

Mensch hingewiesen. Ja mehr: Sie wird vorweggenommen. Wie das Ruhen Gottes am siebten Tag den Höhepunkt der Schöpfung bildet, so erfüllt sich die Geschöpflichkeit des Menschen, wo er sich im Lobpreis seinem Herrn öffnen kann. Loben ist Dienen in völliger Hingabe und Selbstvergessenheit. Hienieden nur gebrochen und punktuell erfahrbar, wird das „Freudenopfer" des Gesanges einst die Ewigkeit aufschließen:
„Ach nimm das arme Lob auf Erden,
mein Gott, in allen Gnaden hin.
Im Himmel soll es besser werden,
wenn ich bei deinen Engeln bin.
Da sing ich dir im höhern Chor
viel tausend Halleluja vor."
(EKG 238,6)

Bis in die Trivialisierungen weihnachtlicher Kunst hat sich die Vorstellung von der himmlischen Musik der Engel erhalten. Ob die Engel (vgl. Mat. K) nun Mozart spielen, wie Karl Barth vermutet hat, oder Geige, wie es der seraphische Franz von Assisi vor seiner Stigmatisierung auf dem Monte Vernia vernahm: Die Musik, der Psalm und das Kirchenlied sollen am Ende unseres Kursthemas einen Hinweis auf das Schöpferlob geben, in dem der himmlische und der noch pilgernde Teil des Gottesstaates (Augustin. Vom Gottesstaat. 10,7) schon jetzt vereint sind.

Literaturhinweise:
Zur Vorstellung eines 10. Engelchores:
Paul Salmon. Der zehnte Engelchor in deutschen Dichtungen und Predigten des Mittelalters. In: Euphorion. 57/1963. S. 321–330.
Wolfram von Eschenbach. Willehalm 308.1–30 (Toleranzrede der Gyburg)
Hans-Werner Schroeder. Mensch und Engel. Die Wirklichkeit der Hierarchien. Stuttgart 1979. (S. 226–231: Vom Werden der „zehnten Hierarchie")

Zum Engelleben der Mönche:
P. Emmanuel von Severus. Bios angelikos. Zum Verständnis des Mönchslebens als „Engelleben" in der christlichen Überlieferung. In: Theodor Bogler (Hrsg.). Die Engel in der Welt von heute. Maria Laach 1957. S. 56–70.

Zum Engelleben des Heiligen Franz von Assisi:
Die Blümelein des heiligen Franziskus von Assisi. Insel TB 48. S. 164–183. (Hier werden die Wochen auf dem Berg La Vernia beschrieben, wo die Christusnachfolge in der Stigmatisierung durch einen Seraphen ihren Höhepunkt findet. Franz verkehrt in dieser Zeit nicht nur mit Engeln, sondern kann wie ein Engel schweben.)

B Ziele der Stunde

Die Schüler sollen
– die anthropologischen und ethischen Implikationen des Gotteslobes erkennen,
– aus der Darstellung der Himmelschöre bei Dante und Hildegard von Bingen den Gedanken der einheitlichen Schöpfung ableiten können,
– Schöpfungspsalmen und Lieder des Kirchengesangbuches auf sich wirken lassen.

C Stundenverlauf

Phase 1: Die Schüler haben zu Hause Annas Brief an „Mister Gott" (Mat. 42) gelesen und eine Antwort aus der Perspektive Gottes verfaßt. Beim Auswerten der Hausaufgabe sind die ethischen Konsequenzen des eschatologischen Ideals einer angelischen Existenz hervorzuheben. Der Mensch ist Teil der Schöpfung, nicht aber ihr Herr.

Phase 2: Die Visionen von Dante (1265–1321) und Hildegard von Bingen (1098–1179) nehmen die Struktur der Rosette (7./8. Stunde: Engel im Leben Jesu) auf. Die Mitte der Schöpfung, das Zentrum bleibt Geheimnis und wird daher nicht abgebildet. Wie ein Spiralnebel befinden sich die Chöre der Engel in Bewegung. Je weiter entfernt vom Zentrum, desto konkreter ihre Gestalt, je näher bei Gott, desto stärker gehen die Konturen ineinander über. Die Schöpfung entfaltet die Mitte, in ihr gewinnt das Unsagbare Gestalt. Und wieder kehrt die Schöpfung zur Mitte zurück, „damit Gott sei alles in allem" (1. Kor 15.28). Dies will in stiller Betrachtung erfahren sein. Zur meditativen Betrachtung von Gustav Dorés (Mat. 44) Danteillustration (mit dem Visionär Dante und seiner Führerin Beatrice im Vordergrund) oder Hildegards Vision der Engelchöre (Mat. 43) erklingt ruhige geistliche Musik. Kompositionen der Hildegard bieten sich an. Um den Gedanken der Einheit der Schöpfung und ihrer Rückkehr zu Gott zu veranschaulichen, nehmen die Schüler die Rosette „Engel im Leben Jesu" hervor und beschriften die Mitte (z. B. mit dem Zitat aus 1. Kor 15.28). Dann werden die einzelnen Blattsegmente zu einer Knospe zusammengefaltet. In unserer Vorstellung lassen wir auch die Chöre der Engel in die Mitte zurücktreten.

Phase 3: Die Einheit von Natur, Mensch und Engel heben die Schöpfungspsalmen hervor. Deshalb werden sie an dieser Stelle mit einem exemplarischen Beispiel (Psalm 103) zitiert. Das Lied von Gerhard Tersteegen (1697–1769) leistet einen Transfer in die Gottesdienstpraxis, wo der Lobpreis seinen Sitz im Gemeindeleben hat. „Gott ist gegenwärtig" (Mat. 45) für die Engel (Strophe 2/4), im Gottesdienst (Strophe 1) seiner Gemeinde, in seiner Schöpfung (Strophe 5/6) und in jedem einzelnen Beter (Strophe 8). „Gott ist in der Mitten" eines jeden Teiles seiner Schöpfung. Wer dies erfahren hat, wird die Augen in Demut niederschlagen und sich der Mitte öffnen.

Gerhard Tersteegens Lied sollte von den Schülern gesungen werden. Hinweise für eine Erarbeitung finden sich auf dem Stundenblatt.

Mat. K

Musizierende Engel

Endlich gehört noch zu dieser Betrachtung, daß der heilige Franziskus, der von der großen Enthaltsamkeit und den Kämpfen mit dem Teufel sehr geschwächt war und daher mit der geistigen Nahrung für die Seele auch den Körper zu kräftigen hoffte, seine Gedanken auf die unermeßliche Herrlichkeit und die Freude der Seligen des ewigen Lebens zu richten begann. Auch hub er an, Gott zu bitten, er möge ihm einen Vorgeschmack dieser Freude als eine Gnade gewähren. Während er sich in diesen Gedanken vertiefte, erschien ihm auf einmal ein Engel in herrlichem Glanz, der eine Geige in der Linken und einen Bogen in der Rechten trug. Als noch St. Franziskus starr vor Staunen über den Anblick dieses Engels dastand, führte dieser einmal den Bogen über die Saiten; und augenblicklich vernahm er eine solche wonnevolle Melodie, daß sie seine Seele mit Süßigkeit erfüllte und jeder körperlichen Empfindung enthob. Und er vermeinte, wie er später seinen Jüngern erzählte, seine Seele würde vor unerträgbarer Wonne aus dem Körper entflohen sein, wenn der Engel den Bogen herabgestrichen hätte.
So weit die zweite Betrachtung.

Die Blümelein des heiligen Franziskus von Assisi. Übersetzung: R. G. Binding. Insel Verlag, Frankfurt 1973, S. 175.

Basel, 23. Dezember 1955

Lieber Herr Kapellmeister und Hofkompositeur!

(...)
Wie es mit der Musik dort steht, wo Sie sich jetzt befinden, ahne ich nur in Umrissen. Ich habe die Vermutung, die ich in dieser Hinsicht hege, einmal auf die Formel gebracht: ich sei nicht schlechthin sicher, ob die Engel, wenn sie im Lobe Gottes begriffen sind, gerade Bach spielen – ich sei aber sicher, daß sie, wenn sie unter sich sind, Mozart spielen und daß ihnen dann doch auch der liebe Gott besonders gerne zuhört. Nun, die Alternative mag falsch sein. Und Sie wissen auch darüber ohnehin besser Bescheid als ich. Ich erwähne es nur, um Ihnen figürlich anzudeuten, wie ich es meine.
Und so wirklich der Ihrige:

Karl Barth

Karl Barth. Wolfgang Amadeus Mozart. Theologischer Verlag Zürich, S.12.

Vorschläge für Klausuren

Hinweis:
Die Texte können gekürzt werden. Sie eignen sich für zwei- bis vierstündige Klausuren.

1. Klausurvorschlag

Am Schluß dieses Buches soll von dem Zukunftsbild des Menschen gesprochen werden, das in dem heutigen Menschheitszustand noch kaum zu ahnen ist. Es ist in seiner ganzen Größe heute noch verhüllt; erst in Zukunft wird es hervortreten. Dann aber wird sich zeigen, daß unendlich viel in die Entwicklung des Menschen „investiert" worden ist, was erst langsam seine Früchte tragen kann. Paulus spricht von dem zukünftigen „Offenbarwerden der Söhne Gottes" – womit er gerade auf das Zukunftsbild des Menschen hinweist –, und Johannes sagt im ersten seiner Briefe: „Es ist noch nicht erschienen, was wir sein werden." An diese noch verborgene Zukunftskraft des Menschen knüpft sich im christlichen Sinne „das Prinzip Hoffnung" (Ernst Bloch).
Die Menschheitsentwicklung steht in einem großen kosmischen Zusammenhang; die Menschen sind zu Trägern einer schöpferischen Freiheit und eines höheren Guten berufen und damit zu „Söhnen Gottes", deren „Offenbarwerden" Paulus ankündigt. Diesem Pauluswort tritt ein noch kühneres Wort an die Seite; es ist ein Wort, das der Christus aus dem Alten Testament aufgreift und bestätigt; es lautet: „Ihr seid Götter." Damit ist an das alte Wissen von der Ebenbildlichkeit des Menschen mit der Gottheit angeknüpft. Wenn alles dies zunächst auch verhüllt und durch den Sündenfall wie verloren ist, es ist doch im Menschen „investiert" und verborgen; wie man der Raupe und Puppe nicht ansieht, daß sich darin eine Schmetterlingsgestalt geheimnisvoll wirksam vorbereitet, so dem Menschen nicht das Zukunftsbild, das in ihm verborgen ist. (...)
Der Zeitpunkt der geistigen Mündigkeit ist für die Menschheit in unserem Jahrhundert gekommen. Die hierarchischen Wesen beginnen, sich zurückzuziehen.
Das bedeutet für die Menschheitsentwicklung zweierlei: Zunächst ist der Mensch als einzelner und die Menschheit als Ganzes dem Ansturm der Widersacher ungleich stärker preisgegeben als früher. Diese Tatsache ist klar erlebbar. Die Menschheit wird zeigen müssen, ob sie die in ihr schlummernden, reifgewordenen Kräfte im Sinne der geistigen Mündigkeit gebrauchen lernt. Hierin liegt eine unglaubliche Herausforderung; aber zugleich liegt darin auch von seiten der Gottheit ein Beweis des unendlichen Vertrauens in das, was im Menschen wirklich lebt.
Andererseits bahnt sich aber auch ein neues Verhältnis zu den Engelwesen selber an; denn nun wächst der Mensch in eine „Partner-Stellung" zu den Wesen hinein, die doch weit über ihm stehen. Die Engel, Erzengel und Urkräfte beginnen, das vom Menschen Kommende mehr und mehr als etwas Wertvolles zu empfinden. Was sich der Mensch abzuringen vermag, wird zu einer bedeutungsvollen Substanz für die geistigen Wesen. Erlebbar wird dies neue Verhältnis zu den Engeln wohl am ehesten im eigenen Schicksal. Auch hier wird man in der Gegenwart ein zartes oder auch deutlicheres Zurücktreten der Schicksalsführung bemerken; besonders um das 28. Lebensjahr, spätestens um

die Lebensmitte, verändert sich oft das Verhältnis zum eigenen Engel. Ja, wir mußten sogar sagen, daß die Schicksalsführung unwirksam werden kann, wenn der Mensch durch rein materialistisches Verhalten seinem Engel des Nachts nicht mehr voll zu begegnen vermag.

Mehr und mehr muß auch hier die Initiative vom Menschen selbst ergriffen werden. Nicht als würde der Engel ihm untreu; seine Treue bleibt unverbrüchlich; aber er muß in wachsendem Maße die Treue fordern, die der Mensch selbst aufbringen kann und muß, damit dieser in den ihm zukommenden Rang eines frei und schöpferisch mit dem Geiste verbundenen Wesens hereinwachsen kann. Auf keine andere Art findet der Mensch die Selbständigkeit seines innersten Wesens, und auf keine andere Art entfaltet er die moralischen, schöpferischen Kräfte, die ihn weiterführen.

Mit dem so Geschilderten ist ein Anfang bemerkbar, der in eine weite Zukunft führt, wenn der Mensch nach den beiden geschilderten Richtungen seine Aufgabe ergreift: am Ringen mit den Widersachermächten zu erstarken, und in der bewußten Hinwendung und Treue zu den geistigen Wesen immer mehr zu erwachen. Der Mensch macht auf diesem seinem Wege Erfahrungen, welche kein anderes Wesen der Welt so haben kann. Und er entwickelt Fähigkeiten, die nur er allein in die Zukunft der Welt hereinzutragen vermag. So wird er nicht nur zu einem wertvollen Gliede der Schöpfung, er entwickelt auch selbst schöpferische Kräfte: Er wird – nach dem Worte des Paulus – ein „Sohn Gottes". Die ursprüngliche Ebenbildlichkeit des Menschen mit Gott soll auf einer höheren Stufe, nämlich frei und bewußt, wiedererlangt werden. Damit steigt er in die Ordnung der schaffenden Wesen auf; er schickt sich an, das zehnte Reich der hierarchischen Wesen zu bilden.

Nicht nur für den Menschen selbst, für die ganze Schöpfung wird diese Entwicklung von weittragender Bedeutung sein; sie wird einen „Weltenfortgang" bringen. Am Ende der „Offenbarung des Johannes" erscheint in dem Bilde einer zukünftigen Welt nicht nur eine neue Erde, sondern auch ein neuer Himmel. Indem der Mensch in die Reihe der hierarchischen, der himmlischen Wesen als die zehnte Ordnung im Reiche der Geister aufzurücken beginnt, wird sein Wesen nicht mehr nur hinabreichen auf die Erde; es kann gleichsam in den Himmel „emporwachsen" und dort die Schöpferkraft entfalten, die nur ihm und keinem anderen Wesen der Welt eigen sein wird; eine Kraft der Erneuerung für den ganzen Kosmos.

aus: Hans-Werner Schroeder. Mensch und Engel. Die Wirklichkeit der Hierarchien. Verlag Urachhaus. Stuttgart 1988[3]. S. 226–231.

Anmerkung: Der Autor ist Priester der anthroposophisch orientierten Christengemeinde.

Arbeitsaufträge:
1. Geben Sie den Inhalt mit eigenen Worten wieder!
2. Klären Sie Schroeders Menschenbild und sein Engelbild!
3. Vergleichen Sie kritisch Schroeders Gedanken mit einer Ihnen bekannten christlichen Position (z.B. Luther, Guardini), und stellen Sie dabei Gemeinsamkeiten und Unterschiede heraus!

2. Klausurvorschlag

Seitdem begann der heilige Franziskus noch überschwenglicher die Wonnen göttlicher Betrachtungen und Heimsuchungen zu fühlen und zu schmecken. Unter diesen letzteren war eine unmittelbar auf die Empfängnis der heiligen Wundmale vorbereitende, in folgender Form: Am Tag vor dem Fest der Kreuzerhöhung im Monat September verweilte St. Franziskus in seiner Zelle in stillem Gebet, als ihm der Engel Gottes erschien und ihm in seinem Namen sagte: „Ich komme, dich zu stärken und zu mahnen, daß du dich bereit und geschickt machst, in Geduld das zu empfangen, was Gott dir geben und an dir tun wird." Da antwortete der heilige Franz: „Ich bin bereit, alles in Geduld zu ertragen, was mir mein Herr antun will"; und nach diesen Worten verschwand der Engel. (...)

Nachdem der heilige Franziskus dieses Versprechen erhalten hatte, begann er in Andacht sich in Betrachtung über die Passion Christi und seine grenzenlose Liebe zu versenken. Und die Leidenschaft der Hingabe steigerte sich in ihm derart, daß er sich in Liebe und Mitleid ganz in Jesus verwandelte. Als er sich noch an dieser Betrachtung entflammte, sah er einen Seraph mit sechs glänzenden feurigen Flügeln vom Himmel kommen. Dieser näherte sich ihm in schnellem Fluge, so daß er unterscheiden konnte, daß er das Bild des Gekreuzigten in sich trug. Die Flügel aber waren so angeordnet, daß zwei sich über sein Haupt breiteten, zwei zum Fliegen sich ausspannten und die letzten zwei den ganzen Körper bedeckten. Bei diesem Anblick erschrak St. Franziskus sehr, zugleich aber war er voller Freude und voller Schmerz mit Bewunderung gemengt. Denn es erfaßte ihn Freude über den kostbaren Anblick Christi, der ihm so vertraut erschien und den er so wonnig empfand; andrerseits überkam ihn, als er ihn so ans Kreuz geheftet sah, schmerzliches Mitleid. Besonders aber wunderte er sich sehr über eine so erstaunliche und ungewöhnliche Vision, da er wohl wußte, daß das Hinsiechen in der Passion nicht mit der Unsterblichkeit des seraphischen Geistes vereinbar war.

In dieser Verwunderung wurde ihm von dem, der ihm erschien, enthüllt, daß diese Vision ihm durch die göttliche Vorsehung deshalb in dieser Form gezeigt wurde, damit er begriffe, daß er in dieser wunderbaren Erscheinung nicht durch ein körperliches Martyrium, sondern durch eine innere Glut ganz zu der völligen Gleichheit mit dem gekreuzigten Christus gewandelt werden solle.

Zugleich schien der ganze Berg La Vernia in einer hellglänzenden Flamme aufzulodern, die alle Berge und Täler ringsum erhellte, als ob die Sonne über der Erde schwebe. Die Schäfer, die in der Gegend wachten, hatten, wie sie später den Brüdern erzählten, große Furcht, als sie den Berg rings von solchem Licht entflammt sahen; und sie versicherten, die Flamme habe eine Stunde und länger über dem Berg La Vernia gestanden. Gleicherweise erhoben sich bei dem Schein dieses Lichtes, das in die Herbergsfenster rings im Lande fiel, eine Anzahl Maultiertreiber, die nach der Romagna zogen, und sattelten und beluden ihre Tiere, da sie glaubten, die Sonne sei aufgegangen; auf dem Marsch sahen sie dann erst das Licht schwinden und wirklich die Sonne aufgehn.

In dieser seraphischen Erscheinung aber gab Christus, der darin sichtbar wurde, dem heiligen Franziskus einige geheimnisvolle und hohe Dinge kund, die dieser zu seinen

Lebzeiten niemandem hat enthüllen wollen; nach seinem Tode aber offenbarte er sie, wie sich weiter unten zeigen wird. Die Worte aber waren folgende:

„Weißt du", sprach Christus, „was ich dir getan habe? Ich habe dir die Wundmale verliehen, welche die Zeichen meiner Passion sind, damit du mein Bannerträger seiest. Und wie ich am Tage meines Todes zur Vorhölle hinabstieg und alle Seelen, die ich dort fand, kraft dieser meiner Wundmale herauszog, so gewähre ich dir, daß du jedes Jahr am Tage deines Todes in das Fegefeuer niedersteigst und alle Seelen deiner drei Orden, der Minoriten, Clarissinnen und Continenten, und auch die andern, welche dir ergeben waren und die du dort finden wirst, kraft deiner Wundmale erlösest und zur Herrlichkeit des Paradieses führst. Denn du sollst mir gleich sein im Tode, wie du mir im Leben gleich bist."

Als darauf diese wunderbare Erscheinung nach einer langen Weile geheimen Gesprächs verschwand, ließ sie im Herzen des heiligen Franz eine unvergleichbare Glut und Flamme der göttlichen Liebe zurück; auf seinem Fleisch aber ließ sie ein wunderbares Abbild und sichtbare Spur der Passion Christi. Denn alsbald begannen an seinen Händen und Füßen die Nägelmale zu erscheinen, so wie er sie zuvor am Leib des gekreuzigten Christus gesehn hatte, als er sich in Gestalt des Seraph ihm zeigte: Hände und Füße waren in der Mitte von Nägeln durchbohrt, deren Köpfe sich auf den Handflächen und den Fußsohlen über dem Fleisch befanden. Die Nagelspitzen traten am Rücken der Hände und Füße wieder hervor und schienen dort so weit umgebogen und umgeschlagen, daß man in die umgebogene oder umgeschlagene Stelle, die über das Fleisch herausragte, wohl den Finger hätte legen können, wie in einen Ring; und die Köpfe der Nägel waren rund und schwarz. Gleicherweise erschien an der rechten Seite der Rippen das Abbild eines Lanzenstichs, unverheilt, rot und blutig. Aus dieser Wunde ergoß sich oftmals Blut von der heiligen Brust des St. Franziskus, das seine Gewandung rötete.

aus: Die Blümelein des Heiligen Franziskus von Assisi. Übersetzung: R. G. Binding. Insel Verlag, Frankfurt 1973. S. 177–181.

Arbeitsaufträge:
1. Fassen Sie den Inhalt mit eigenen Worten zusammen!
2. Vergleichen Sie das Geschehen mit dem Leben Jesu!
3. Deuten Sie die Legende unter Berücksichtigung der Funktion des Engels (Seraph)!

Literaturverzeichnis (in Auswahl)

1. Allgemeine Darstellungen

Gerhard Adler: Erinnerungen an die Engel. Wiederentdeckte Erfahrungen, Herder Verlag, Freiburg 1986 (mit umfangreicher Bibliographie)

Malcolm Godwin: Engel – Eine bedrohte Art. Zweitausendeins Verlag, Frankfurt/M. 1991

Bernhard Lang / Colleen McDannell: Der Himmel. Eine Kulturgeschichte des Ewigen Lebens, Suhrkamp Verlag, Frankfurt/M. 1990

Karl Markus Michel: Von Eulen, Engeln und Sirenen, Athenäum Verlag, Frankfurt/M. 1988

Jutta Ströter-Bender: Engel. Ihre Stimme, ihr Duft, ihr Gewand und ihr Tanz, Kreuz Verlag, Stuttgart 1988

2. Theologische Untersuchungen

Karl Barth: Die Lehre von der Schöpfung. Die Kirchliche Dogmatik III, 3, Theologischer Verlag, Zürich 1950

Hans Urs von Balthasar: Theodramatik. II. 2. Die Personen des Spiels, IV. Das Endspiel, Johannes Verlag, Einsiedeln 1978, 1983

Peter L. Berger: Auf den Spuren der Engel. Die moderne Gesellschaft und die Wiederentdeckung der Transzendenz, Fischer Verlag, Frankfurt/M. 1972, Herder Verlag, Freiburg 1991

Peter Brown: Die Keuschheit der Engel. Sexuelle Entsagung, Askese und Körperlichkeit am Anfang des Christentums, Hauser Verlag, München 1991

P. Cyrill von Korvin-Krasinski: Engel – Mensch – Kosmos. Ein geistesgeschichtlicher Beitrag zum Problem der „Gegenwart im Symbol". In: Theodor Bogler (Hrsg.): Die Engel in der Welt von heute, Maria Laach 1957 (= Liturgie und Mönchtum. Laacher Heft XXI), S. 91–109

Romano Guardini: Der Engel des Menschen. In: Wahrheit und Ordnung. Universitätspredigten, Heft 6, Werkbund Verlag, München 1955

Martin Luther: Predigt am Michaelstag. In: Weimarer Ausgabe. Band 34 II, S. 243–269. Predigt von den Engeln am Michaelstag nachmittags, WA 34 II, S. 270–287. Predigt am Michaelstag (im Hause), WA 36, S. 333–338

Karl Hermann Schelkle: Die Chöre der Engel, Schwabenverlag, Ostfildern 1988

P. Emmanuel von Severus: Bios Angelikos. Zum Verständnis des Mönchslebens als „Engelleben" in der christlichen Überlieferung. In: Bogler (Hrsg.): Die Engel in der Welt von heute, S. 56–70

Gershom Scholem: Die jüdische Mystik in ihren Hauptströmungen. Suhrkamp Verlag, Frankfurt 1980 (stw 330)

Gershom Scholem: Über einige Grundbegriffe des Judentums. Suhrkamp Verlag, Frankfurt 1970 (= es 414)

Gershom Scholem: Walter Benjamin und sein Engel. Vierzehn Aufsätze und kleine Beiträge, Suhrkamp Verlag, Frankfurt/M 1983 (darin die beiden Benjamin-Texte: Angelus Novus und Agesilaus Santander)

Esther Vilar: Die Erziehung der Engel, Econ Verlag, Düsseldorf 1992
Herbert Vorgrimler: Wiederkehr der Engel? Ein altes Thema neu durchdacht, Butzon und Bercker Verlag, Kevelaer 1991
Michael Welker: Über Gottes Engel. In: Jahrbuch für Biblische Theologie 2, Neukirchener Verlag, Neukirchen 1987, S. 194–209
Weltreligionen im Gespräch: Engel – Elemente – Energien. Jahrbuch für interreligiöse Begegnungen. Band 2. 1991
Claus Westermann: Gottes Engel brauchen keine Flügel, Kreuz Verlag, Stuttgart 1985[5]

3. Kunst

Marc Chagall: Mein Leben. Verlag Gerd Hantje, Stuttgart 1959
Helga de Cuveland: Der Taufengel. Ein protestantisches Taufgerät des 18. Jahrhunderts. Wittig Verlag, Hamburg 1991
Johann Konrad Eberlein: Ein verhängnisvoller Engel. Paul Klee „Angelus Novus" und Walter Benjamins Interpretationen. FAZ 20. 7. 1991
Walter Nigg/Karl Gröning: Bleibt ihr Engel, bleibt bei mir, Prophyläenverlag, Berlin 1989[6]
Alfons Rosenberg: Engel und Dämonen. Gestaltwandel eines Urbildes, Kösel Verlag, München 1967
Gertrud Weinhold: Engel. Himmlische Boten. Biblisch-spirituelle Sicht. Bildzeugnisse der Völker, Bayerland Verlagsanstalt, Dachau 1989
Gundolf Winter: Paul Gauguin. Jakobs Kampf mit dem Engel, Insel Verlag, Frankfurt/M. 1992 (= it 1387)

4. Dichtung

Lyrik

Rafael Alberti: Von den Engeln. Spanisch und deutsch in der Übertragung von Erich Arendt, Leipzig 1980 (= Insel-Bücherei Nr. 1034)
Ilse Behl / Heidrun Borgwardt: Engelsverkündigung. Was Du wahrnimmst, nimmt Dich wahr. Kiel 1991
Paul Konrad Kurz: Ein großes Flügeldach. Verse mit Engeln. Edition Pongratz, Hanzenberg 1991
Rainer Maria Rilke: Duineser Elegien, Insel Verlag, Frankfurt/M. 1977 (= it 80)

Roman

Ulla Berkéwicz: Engel sind schwarz und weiß. Suhrkamp Verlag, Frankfurt a. M. 1992
Jürg Federspiel: Geographie der Lust, Suhrkamp Verlag, Frankfurt/M. 1989
Hans Henny Jahnn: Fluß ohne Ufer. Band I–III, Hoffmann und Campe, Hamburg 1986ff.
Vladimir Volkoff: Das Geheimnis der schönen Solange, Klett Verlag, Stuttgart 1990
Franz Werfel: Stern der Ungeborenen, Fischer Verlag, Frankfurt/M. 1949

Phantastische Literatur

James Graham Ballard: Die Kommsat-Engel. In: Ballard: Der Garten der Zeit, Suhrkamp Verlag, Frankfurt/M. 1990, S. 91–106 (= st 1752)
Franz Rottensteiner (Hrsg.): Phantastische Begegnungen, Suhrkamp Verlag, Frankfurt/M. 1990 (= st 1741)

Volksdichtung und Legende

Die Blümelein des heiligen Franziskus von Assisi. Aus dem Italienischen von Rudolf G. Binding, Insel Verlag, Frankfurt/M. 1973 (= it 48)

Born Judas. Aus dem Hebräischen von Rahel bin Gorion, Insel Verlag, Frankfurt/M. 1981 (= it 529)

Brüder Grimm: Kinder- und Hausmärchen, Insel Verlag, Frankfurt/M. 1975 (= it 112). Darin: Das Marienkind (KHM 3) und das Mädchen ohne Hände (KHM 31)

Felix Karlinger (Hrsg.): Wundersame Geschichten von Engeln, Insel Verlag, Frankfurt/M. 1989 (= it 1226)

Angela Martini-Wonde: Der versiegelte Engel. Erzählungen zu Ikonen, Insel Verlag, Frankfurt/M. 1988 (= it 1132)

Isaac Leib Perez: Seelenwanderung einer Melodie. Bibliothek jiddischer Erzähler, Goldmann Verlag, München 1988. Darin: Bonzi Schweig, S. 17–27; Drei Geschenke, S. 39–52

Jacobus de Voragine: Legenda Aurea. Herausgegeben von Theodor Graesse, Breslau 1890. Auswahl von Rainer Nikkel, Stuttgart 1990 (= reclam 8464)

Erzählungen

Harold Brodkey: Engel, Rowohlt Verlag, Reinbek 1991

Anne Marie Fröhlich: Engel. Texte aus der Weltliteratur. Manesse Verlag, Zürich 1991

Patrick McGrath: Der Engel. In: Wasser und Blut, Fischer Verlag, Frankfurt/M. 1989

Leo Tolstoj: Wovon die Menschen leben. In: Erzählungen. Ausgabe in acht Bänden, Insel Verlag, Frankfurt/M. 1980

Film

Ingmar Bergmann: Fanny und Alexander (kein Filmbuch)

Der Himmel über Berlin. Ein Filmbuch von Wim Wenders und Peter Handke, Suhrkamp Verlag, Frankfurt/M. 1989[3]

Musik

Jochen Berg / Ulrich Gumpert: Die Engel. Vier-Kurz-Opern. Steidl Verlag, Göttingen 1991

5. Esoterik

Dora van Gelder: Im Reich der Naturgeister, Aquamarin Verlag, Grafing/München o. J.

Paola Giovetti: Engel – die unsichtbaren Helfer der Menschen. Ariston Verlag, München 1991

Rainer Holbe: Die Botschaft der Engel. Begegnungen mit fremden Wesen, Knaur Verlag, München 1989

Benjamin Klein: Kennst Du Deinen Engel? Verlag Positives Leben, Ravensburg 1988[2]

Gitta Mallasz: Die Antwort der Engel. Ein Dokument aus Ungarn, Zürich 1981

Gitta Mallasz: Die Engel erlebt, Zürich 1983

Ursula Mattheus: Engelspiel. 55 Spielkarten. Plejaden Verlag, Bolthsen 1991

H. C. Moolenburgh: Engel als Beschützer und Helfer des Menschen, Bauer Verlag, Freiburg 1986[2]

Flower A. Newhouse: Engel und Devas, Aquamarin Verlag, München 1982

Joé Snell: Der Dienst der Engel diesseits und jenseits. Erlebnisse einer Krankenschwester, Turm Verlag, Bietigheim 1985[5]

White Eagle: Der geistige Pfad. Geistige Entwicklung und Entfaltung der Seelenkräfte des Menschen, Grafing 1988[5]

6. Sterbeforschung

Margarete Held-Zurlinden: Erlebnisse einer Seele, Innsbruck 1984
Elisabeth Kübler-Ross: Über den Tod und das Leben danach, Luchterhand Verlag, Neuwied 1983[3]

7. Anthroposophie

Christian Morgenstern: Wir fanden einen Pfad. In: Morgenstern: Jubiläumsausgabe. Band II, S. 187ff., Piper Verlag, München 1979
Hans-Werner Schroeder: Mensch und Engel. Die Wirklichkeit der Hierarchien, Verlag Urachhaus, Stuttgart 1979
Rudolf Steiner: Vom Wirken der Engel und anderer hierarchischer Wesenheiten. Hrsg. von Wolf-Ulrich Klinker. Verlag Freies Geistesleben, Stuttgart 1991
Rudolf Steiner: Die Sendung Michaels. Die Offenbarung der eigentlichen Geheimnisse des Menschenwesens, Verlag Freies Geistesleben, Dornach 1962
Rudolf Steiner: Was tut der Engel in unserem Astralleib? Wie finde ich den Christus? Verlag Freies Geistesleben, Dornach 1981[6]
Wolfgang Weirauch (Hrsg.): Flensburger Hefte 23: Engel, Flensburg 1988 (eine äußerst dichte Information über die anthroposophische Angelologie)

Danksagung

Auch diese Stundenblätter haben ihre Wegbegleiter. Zu danken für Gespräche oder Hinweise habe ich Anja Masuch, Jutta Ströter-Bender, Eva Schichtel, Gerhard Adler, Jochen Pabst, Karl Ernst Nipkow, Klaus Modick, Hans Blumenberg, Hans Urs von Balthasar, Walter Nigg, Monika Wollschläger, Horst Schwebel, Manfred Kwiran und Ulrich Horstmann. Wie überall im Leben, so hallt besonders bei diesem Thema ein Stück Kindheit nach und sucht eine neue Gestalt.

Solschen, 29. 9. 91

Uwe Wolff

Inhalt des Materialienheftes „Materialien Die Botschaft der Engel"

Klettbuch 26876

Engel – Gibt's die?

1 Engel in der Werbung: Calypsoengel – Lukullusengel
2 Engel als Anhalter undenkbar
3 Uschi Neuhauser: Männlich und ohne Flügel
4 Hans Erich Nossack: Ich glaube an Engel

Engel der Kindheit

5 M. C. Escher: Kreislimit
6 Hermann Sudermann: Gottes Gegenwart
7 Rose Ausländer: Kindheit I
8 Wiegenlied: Guten Abend, gut' Nacht

Engel und modernes Weltbild

9 H. C. Moolenburgh: „Haben Sie schon mal einen Engel gesehen?"
10 Vier Theologenmeinungen
    10a John Henry Newman: Unter der Hülle der sichtbaren Welt
    10b Rudolf Bultmann: Erledigt ist der Geister- und Dämonenglaube
    10c Walter Nigg: Müdes Glaubenszeugnis der Kirche
    10d Claus Westermann: Gott schickt Boten

Gotteserfahrungen (I) – Die Verkündigung der Geburt Jesu

11 Konkordanz: Engel in der Bibel
12 Engel von Autun: Stufen des Erwachens

Gotteserfahrungen (II) – Engel im Leben Jesu

13 Hans Memling: Die Verkündigung

Gotteserfahrungen (III) – Die Befreiung des Petrus

14 Winfried Maas: Jemand nahm mich bei der Hand

Gotteserfahrungen (IV) – Himmelsleiter und Engelkampf

15 Ernst Jünger: Gottes Gegenbeweis
16 Rembrandt van Rijn: Jakob ringt mit dem Engel
17 Psalter flämischer Schule: Himmelsleiter
18 Eva Richter: Der Engel kam im Traum

Warten auf den Engel – Franz Kafka und der Traditionsabbruch

19 Äthiopisches Henochbuch: Der himmlische Hofstaat
20 Franz Kafka: Eine kaiserliche Botschaft
21 Walter Nigg: Eine schwer zu überbrückende Kluft

Wohin sind die Tage Tobiae? – Der Engel bei Rainer Maria Rilke und Walter Benjamin

22 Walter Benjamin: Der Engel der Geschichte
23 Paul Klee: Angelus Novus
24 Rainer Maria Rilke: Aus den Duineser Elegien

25 Rainer Maria Rilke – Lou Andreas-Salomé: Briefwechsel

Der Himmel über Berlin – Wissen, was kein Engel weiß

26 Wim Wenders: Wie die Idee entstanden ist
27 Wim Wenders/Peter Handke: Der Himmel über Berlin (Auszüge aus dem Filmbuch)
28 George Steiner: Jeder Künstler kämpft mit dem Engel

Der Engel Michael aus evangelischer und katholischer Sicht

29 Matthias Vogel: Goldene Legende (Heiliger Michael, Erzengel)
30 Evangelischer Erwachsenenkatechismus: Von den Engeln
31 Das Leben Adams und Evas
32 Evangelisches Kirchengesangbuch: Zum Michaelstag
33 Katholische Patronatskarte: Heiliger Michael

Die himmlischen Hierarchien des Dionysios von Areopagita

34 Kirchenvater Hieronymus: Kommentar zum Propheten Jesaja

35 Dionysios von Areopagita: Die Himmlischen Hierarchien

Der Engel des Menschen bei Romano Guardini

36 Hugo Simberg: Der verwundete Engel
37 Romano Guardini: Der Engel des Menschen

Engel als Seelenführer und Seelenwäger (Eschatologie)

38 Psaltermalerei: Michael als Seelenführer
39 Martin Luther: Predigt am Michaelstage
40 Elisabeth Kübler-Ross: Schutzengel der Sterbenden
41 Hans Memling: Jüngstes Gericht

Gott loben – wie die Engel

42 Anna: Was ich mal werden möcht, ist Engel
43 Hildegard von Bingen: Die Chöre der Engel
44 Gustave Doré: Dantes Paradiso
45 Gerhard Tersteegen: Gott ist gegenwärtig

STUNDENBLÄTTER
Religion
für die Sekundarstufe I

Hans Getzeny
Stundenblätter
Freundschaft - Liebe - Partnerschaft
Klettbuch 926741

Dazu das Materialienheft für Schüler:
Klettbuch 26863

Horst Gorbauch/Dorothea Mehner-Weber
Stundenblätter
Glaube und Fehlformen des Glaubens
Klettbuch 926713

Dazu das Materialienheft für Schüler:
Klettbuch 26877

Anneliese Schulz
Stundenblätter
Den Nächsten lieben - Das Notwendige tun
Außenseiter - Ausländer - Behinderte
Klettbuch 926744

Dazu das Materialienheft für Schüler:
Klettbuch 26869

Anneliese Schulz
Stundenblätter Zeit und Umwelt Jesu
Das Heilige Land - Die Bibel
Klettbuch 926708

Dazu das Materialienheft für Schüler:
Klettbuch 26875

Siegfried Schulz
Stundenblätter Bergpredigt
Klettbuch 926742

Dazu das Materialienheft für Schüler:
Klettbuch 26864

Siegfried Schulz
Stundenblätter Christen und Juden
Klettbuch 926703

Dazu das Materialienheft für Schüler:
Klettbuch 26867

Siegfried Schulz
Stundenblätter
Gott suchen - Gott erfahren
Klettbuch 926705

Dazu das Materialienheft für Schüler:
Klettbuch 26873

Siegfried Schulz
Stundenblätter
Sterben - Tod - Auferstehung
Klettbuch 926721

Dazu das Materialienheft für Schüler:
Klettbuch 26861

STUNDENBLÄTTER
Religion
für die Sekundarstufe II

Wolfgang Albers
Stundenblätter Menschenwürde - Menschenrechte
Christliches Handeln in der Welt
Klettbuch 926743
Materialienheft für Schüler: Klettbuch 26868

Bernhard Bosold
Stundenblätter Gesellschaftliche Normen - Theologische Ethik
Klettbuch 926701
Materialienheft für Schüler: Klettbuch 26866

Horst Gorbauch / Dorothea Mehner
Stundenblätter Umgang mit der Bibel
Klettbuch 926711

Hans Huber
Stundenblätter Jesus Christus
Klettbuch 926702
Materialienheft für Schüler: Klettbuch 26865

Bernhard Oßwald
Stundenblätter Gottesglaube - Atheismus
Klettbuch 926745
Materialienheft für Schüler: Klettbuch 26871

Albrecht Rieder
Stundenblätter Sinnfrage
Klettbuch 926704
Materialienheft für Schüler: Klettbuch 26872

Martin Schmidt-Kortenbusch
Stundenblätter Ökologische Verantwortung
Testfall christlicher Ethik
Klettbuch 926706
Materialienheft für Schüler: Klettbuch 26874

Siegfried Schulz
Stundenblätter Kirche und Staat
Klettbuch 926691
Materialienheft für Schüler: Klettbuch 926692

Uwe Stamer
Stundenblätter Freiheit - Verantwortung Schuld
Theologische Anthropologie
Klettbuch 926731
Materialienheft für Schüler: Klettbuch 26862

Dittmar Werner
Stundenblätter Frau und Mann
Ein Kapitel feministischer Theologie
Klettbuch 926712
Materialienheft für Schüler: Klettbuch 26878

Uwe Wolff
Stundenblätter Die Botschaft der Engel
Ein erfahrungsbezogener Zugang zur Gottesfrage
Klettbuch 926709
Materialienheft für Schüler: Klettbuch 26876

STUNDENBLÄTTER
Religion
für die Sekundarstufe II

Wolfgang Albers
Stundenblätter Menschenwürde - Menschenrechte
Christliches Handeln in der Welt
Klettbuch 926743
Materialienheft für Schüler: Klettbuch 26868

Bernhard Bosold
Stundenblätter Gesellschaftliche Normen - Theologische Ethik
Klettbuch 926701
Materialienheft für Schüler: Klettbuch 26866

Horst Gorbauch / Dorothea Mehner
Stundenblätter Umgang mit der Bibel
Klettbuch 926711

Hans Huber
Stundenblätter Jesus Christus
Klettbuch 926702
Materialienheft für Schüler: Klettbuch 26865

Bernhard Oßwald
Stundenblätter Gottesglaube - Atheismus
Klettbuch 926745
Materialienheft für Schüler: Klettbuch 26871

Albrecht Rieder
Stundenblätter Sinnfrage
Klettbuch 926704
Materialienheft für Schüler: Klettbuch 26872

Martin Schmidt-Kortenbusch
Stundenblätter Ökologische Verantwortung
Testfall christlicher Ethik
Klettbuch 926706
Materialienheft für Schüler: Klettbuch 26874

Siegfried Schulz
Stundenblätter Kirche und Staat
Klettbuch 926691
Materialienheft für Schüler: Klettbuch 926692

Uwe Stamer
Stundenblätter Freiheit - Verantwortung Schuld
Theologische Anthropologie
Klettbuch 926731
Materialienheft für Schüler: Klettbuch 26862

Dittmar Werner
Stundenblätter Frau und Mann
Ein Kapitel feministischer Theologie
Klettbuch 926712
Materialienheft für Schüler: Klettbuch 26878

Uwe Wolff
Stundenblätter Die Botschaft der Engel
Ein erfahrungsbezogener Zugang zur Gottesfrage
Klettbuch 926709
Materialienheft für Schüler: Klettbuch 26876

STUNDENBLÄTTER Religion
für die Sekundarstufe I

Hans Getzeny
Stundenblätter
Freundschaft - Liebe - Partnerschaft
Klettbuch 926741

Dazu das Materialienheft für Schüler:
Klettbuch 26863

Horst Gorbauch/Dorothea Mehner-Weber
Stundenblätter
Glaube und Fehlformen des Glaubens
Klettbuch 926713

Dazu das Materialienheft für Schüler:
Klettbuch 26877

Anneliese Schulz
Stundenblätter
Den Nächsten lieben - Das Notwendige tun
Außenseiter - Ausländer - Behinderte
Klettbuch 926744

Dazu das Materialienheft für Schüler:
Klettbuch 26869

Anneliese Schulz
Stundenblätter Zeit und Umwelt Jesu
Das Heilige Land - Die Bibel
Klettbuch 926708

Dazu das Materialienheft für Schüler:
Klettbuch 26875

Siegfried Schulz
Stundenblätter Bergpredigt
Klettbuch 926742

Dazu das Materialienheft für Schüler:
Klettbuch 26864

Siegfried Schulz
Stundenblätter Christen und Juden
Klettbuch 926703

Dazu das Materialienheft für Schüler:
Klettbuch 26867

Siegfried Schulz
Stundenblätter
Gott suchen - Gott erfahren
Klettbuch 926705

Dazu das Materialienheft für Schüler:
Klettbuch 26873

Siegfried Schulz
Stundenblätter
Sterben - Tod - Auferstehung
Klettbuch 926721

Dazu das Materialienheft für Schüler:
Klettbuch 26861